PAPST LEO XIV.

Frieden!

PAPST LEO XIV.

Frieden!

Erste wegweisende Botschaften
des neuen Papstes

KÖSEL

Die Originalausgabe erschien 2025 unter dem Titel »E pace sia! Parole alla Chiesa e al mondo« © Dikasterium für Kommunikation – Libreria Editrice Vaticana. Die Kapitelüberschriften wurden vom Herausgeber hinzugefügt.

MIX
Papier | Fördert gute Waldnutzung
FSC® C014496

Penguin Random House Verlagsgruppe FSC® N001967

Neumarkter Straße 28, 81673 München
produktsicherheit@penguinrandomhouse.de
(Vorstehende Angaben sind zugleich
Pflichtinformationen nach GPSR.)

Umschlag: Verlagsgruppe Penguin Random House GmbH, München
Umschlagmotiv: ALBERTO PIZZOLI/AFP/Getty Images (Autorenfoto);
© oatawa/stock.adobe.com (Hintergrund)
Innenteilillustrationen: © stock.adobe.com: totiart (Taube 1); Rezaalfarid204 (Taube 2); chekman (Taube 3 und Olivenzweig); grpxst (Olivenzweig)
Übersetzung der Texte auf S. 29, 76, 117, 127 und 141 von Dr. Thomas Stauder
Übersetzung der sonstigen Texte © Dikasterium für Kommunikation – Libreria Editrice Vaticana
Redaktion: Dr. Peter Schäfer
Satz: Satzwerk Huber, Germering
Druck und Bindung: GGP Media GmbH, Pößneck
Printed in Germany
ISBN 978-3-466-37371-0

www.koesel.de

Inhalt

Unbewaffneter und entwaffnender Frieden

Erster Apostolischer Segen Urbi et Orbi
Benediktionsloggia des Petersdoms
Donnerstag, 8. Mai 2025

Der Friede sei mit euch allen!

Liebe Brüder und Schwestern, dies ist der erste Gruß des auferstandenen Christus, des Guten Hirten, der sein Leben für die Herde Gottes hingegeben hat. Auch ich wünsche mir, dass dieser Friedensgruß in eure Herzen eingeht, eure Familien erreicht, alle Menschen, wo immer sie auch sind, alle Völker, die ganze Erde. Friede sei mit euch!

Dies ist der Friede des auferstandenen Christus, ein unbewaffneter und entwaffnender Frieden, demütig und beharrlich. Er kommt von Gott, dem Gott, der uns alle bedingungslos liebt.

Wir hören noch immer die schwache, aber stets mutige Stimme von Papst Franziskus, der Rom segnete, der Papst, der an jenem Ostermorgen der Welt, der ganzen Welt seinen Segen gab. Gestattet mir, an diesen Segen anzuknüpfen: Gott liebt uns, Gott liebt euch alle, und das Böse wird nicht siegen! Wir alle sind in den Händen Gottes. Lasst uns daher ohne Angst, Hand in Hand mit Gott und miteinander, weitergehen! Wir sind Jünger Christi. Christus geht uns voran. Die Welt braucht sein Licht. Die Menschheit braucht ihn als Brücke, um von Gott und seiner Liebe erreicht zu werden. Helft auch ihr uns, und helft einander, Brücken zu bauen, durch den Dialog, durch die Begegnung, damit wir alle vereint ein einziges Volk sind, das dauerhaft in Frieden lebt. Danke, Papst Franziskus!

Ich möchte auch allen meinen Mitbrüdern, den Kardinälen, danken, die mich zum Nachfolger Petri gewählt haben, damit wir zusammen als geeinte Kirche unterwegs sind, stets auf der Suche nach Frieden und Gerechtigkeit, stets darauf bedacht, als Männer und Frauen zu arbeiten, die Jesus Christus treu sind, ohne Furcht, um das Evangelium zu verkünden, um Missionare zu sein.

Ich bin ein Sohn des heiligen Augustinus, ein Augustiner, und dieser sagte: »Mit euch bin ich Christ, für euch bin ich Bischof.«[1] In diesem Sinne können wir alle gemeinsam auf jene Heimat zugehen, die Gott uns bereitet hat.

Ein besonderer Gruß an die Kirche von Rom! Wir müssen gemeinsam nach Wegen suchen, wie wir eine missionarische Kirche sein können, eine Kirche, die Brücken baut, den Dialog pflegt und stets offen ist, alle mit offenen Armen aufzunehmen, so wie dieser Platz, alle, alle, die unseres Erbarmens, unserer Gegenwart, des Dialogs und der Liebe bedürfen.

Und wenn ihr mir noch ein Wort, einen Gruß erlaubt an alle und insbesondere an meine liebe Diözese Chiclayo in

Peru, wo ein gläubiges Volk seinen Bischof begleitet, seinen Glauben geteilt und so viel gegeben hat, um eine treue Kirche Jesu Christi zu bleiben.

An euch alle, Schwestern und Brüder in Rom, in Italien, in der ganzen Welt: Wir wollen eine synodale Kirche sein, eine Kirche, die unterwegs ist, eine Kirche, die stets den Frieden sucht, die stets die Liebe sucht, die sich stets bemüht, insbesondere denen nahe zu sein, die leiden.

Heute ist der Tag des Bittgebets an die Muttergottes von Pompeji. Unsere Mutter Maria möchte immer mit uns gehen, uns nahe sein und uns mit ihrer Fürsprache und ihrer Liebe unterstützen. Deshalb möchte ich zusammen mit euch beten. Beten wir gemeinsam für diese neue Aufgabe, für die ganze Kirche und für den Frieden in der Welt und bitten wir Maria, unsere Mutter, um diese besondere Gnade: Gegrüßet seist du, Maria ...

Freudige Zeugen

Predigt zur Heiligen Messe pro Ecclesia,
gefeiert mit den Kardinälen
Sixtinische Kapelle
Freitag, 9. Mai 2025

»Du bist der Christus, der Sohn des lebendigen Gottes!« (Mt 16,16) Als Petrus zusammen mit den anderen Jüngern vom Meister nach seinem Glauben an ihn gefragt wird, bringt er auf den Punkt, was die Kirche durch die apostolische Nachfolge seit zweitausend Jahren als Erbe bewahrt, vertieft und weitergibt.

Jesus ist der Christus, der Sohn des lebendigen Gottes, das heißt der einzige Erlöser. Er offenbart das Antlitz des Vaters. Um den Menschen nahe und ihnen zugänglich zu sein, hat Gott sich uns in den vertrauensvollen Augen eines Kindes, im lebendigen Geist eines Jugendlichen, in den reifen Zügen eines Mannes offenbart,[2] bis er schließlich den Seinen nach der Auferstehung in seiner verherrlichten Gestalt erschien. So hat er uns ein Vorbild für ein heiliges menschliches Leben gegeben, das wir alle nachahmen können, zusammen mit der Verheißung einer ewigen Bestimmung, die hingegen alle unsere Grenzen und Fähigkeiten übersteigt.

Petrus hält in seiner Antwort beides fest: die Gabe Gottes und den Weg, den man gehen muss, um sich von ihr verwandeln zu lassen. Dies sind zwei untrennbare Dimensionen der Erlösung, welche der Kirche anvertraut sind, damit sie diese zum Wohl der Menschheit verkündet. Sie sind uns anvertraut, die wir von ihm auserwählt wurden, bevor wir im Mutterleib geformt wurden (vgl. Jer 1,5), die wir im Wasser der Taufe wiedergeboren und über unsere Grenzen hinaus und ohne unser Verdienst hierhergeführt und von hier ausgesandt worden sind, damit das Evangelium allen Geschöpfen verkündet werde (vgl. Mk 16,15).

In besonderer Weise vertraut Gott, indem er mich durch eure Wahl zum Nachfolger des Ersten der Apostel berufen hat, diesen Schatz mir an, damit ich mit seiner Hilfe ein treuer Verwalter (vgl. 1 Kor 4,2) zum Wohl des gesamten mystischen Leibes der Kirche sei, auf dass sie immer mehr zu einer Stadt auf dem Berg wird (vgl. Offb 21,10), zu einer rettenden Arche, die durch die Wogen der Geschichte steuert, zu einem Leuchtturm, der die Nächte der Welt erhellt. Und dies weniger wegen der Großartigkeit ihrer Strukturen und der Pracht ihrer Bauten – wie die Baudenkmäler, in denen wir uns befinden –, sondern durch die Heiligkeit ihrer Glieder, dieses »Volkes, das sein besonderes Eigentum wurde, damit ihr die großen Taten dessen verkündet, der euch aus der Finsternis in sein wunderbares Licht gerufen hat« (1 Petr 2,9).

Allerdings geht dem Gespräch, in dem Petrus sein Glaubensbekenntnis ablegt, noch eine weitere Frage voraus. Jesus fragt: »Für wen halten die Menschen den Menschensohn?« (Mt 16,13) Das ist keine unbedeutende Frage, sie betrifft vielmehr einen wichtigen Aspekt unseres Dienstes: die Wirklichkeit, in der wir leben, mit ihren Grenzen und Möglichkeiten, mit ihren Fragen und Überzeugungen.

»Für wen halten die Menschen den Menschensohn?« Wenn wir an die Szene denken, die wir gerade betrachten, könnten wir auf diese Frage zwei mögliche Antworten finden, die auch zwei Haltungen beschreiben.

Da ist zunächst die Antwort der Welt. Matthäus betont, dass das Gespräch zwischen Jesus und seinen Jüngern hinsichtlich seiner Identität in der wunderschönen kleinen Stadt Cäsarea Philippi stattfindet, die reich an prächtigen Palästen ist, inmitten einer bezaubernden Naturlandschaft am Fuße des Hermon liegt, aber auch Sitz grausamer Machtzirkel und Schauplatz von Verrat und Untreue ist. Dieses Bild spricht von einer Welt, die Jesus als einen völlig unbedeutenden Menschen betrachtet, höchstens als eine kuriose Figur, die mit ihrer ungewöhnlichen Art zu sprechen und zu handeln Staunen hervorrufen kann. Und so wird diese »Welt« nicht zögern, ihn zurückzuweisen und zu beseitigen, sobald er aufgrund der Ehrlichkeit und der moralischen Ansprüche, die er einfordert, lästig wird.

Dann gibt es noch die zweite mögliche Antwort auf die Frage Jesu: die der einfachen Leute. Für sie ist der Nazarener kein »Scharlatan«: Er ist ein aufrechter Mann, einer, der

Mut hat, der gut spricht und das Richtige sagt, wie andere große Propheten in der Geschichte Israels. Deshalb folgen sie ihm, zumindest solange sie dies ohne allzu große Risiken und Unannehmlichkeiten tun können. Doch er ist für sie nur ein Mensch, und deshalb verlassen auch sie ihn in der Stunde der Gefahr, während seiner Passion, und gehen enttäuscht weg.

Bemerkenswert an diesen beiden Haltungen ist ihre Aktualität. Sie verkörpern nämlich Vorstellungen, die wir leicht – vielleicht in einer anderen Sprache, aber im Wesentlichen gleich – in den Mündern vieler Männer und Frauen unserer Zeit wiederfinden können.

Auch heute wird der christliche Glaube in nicht wenigen Fällen als etwas Absurdes angesehen, als etwas für schwache und wenig intelligente Menschen; vielfach werden andere Sicherheiten wie Technologie, Geld, Erfolg, Macht und Vergnügen bevorzugt.

Es handelt sich um Umfelder, in denen es nicht leicht ist, das Evangelium zu bezeugen und zu verkünden, und in denen Gläubige verspottet, bekämpft, verachtet oder bestenfalls geduldet und bemitleidet werden. Doch gerade deshalb sind dies Orte, die dringend der Mission bedürfen, denn der Mangel an Glauben hat oft dramatische Begleiterscheinungen: dass etwa der Sinn des Lebens verloren geht, die Barmherzigkeit in Vergessenheit gerät, die Würde des Menschen in den dramatischsten Formen verletzt wird, die Krise der Familie und viele andere Wunden, unter denen unsere Gesellschaft nicht unerheblich leidet.

Vielfach wird Jesus, obwohl er als Mensch geschätzt wird, auch heute bloß als eine Art charismatischer *Anführer* oder *Übermensch* gesehen, und zwar nicht nur von Nichtgläubigen, sondern auch von vielen Getauften, die so schließlich in einen faktischen Atheismus geraten.

Dies ist die Welt, die uns anvertraut ist und in der wir, wie Papst Franziskus uns so oft gelehrt hat, berufen sind, den freudigen Glauben an Christus, den Erlöser, zu bezeugen. Deshalb ist es auch für uns unerlässlich, immer neu zu bekennen: »Du bist der Christus, der Sohn des lebendigen Gottes!« (Mt 16,16)

Das ist vor allem in unserer persönlichen Beziehung zu ihm von wesentlicher Bedeutung, im Bemühen um einen täglichen Weg der Umkehr. Aber dann auch für uns als Kirche, indem wir gemeinsam unsere Zugehörigkeit zum Herrn leben und allen die Frohe Botschaft bringen.[3]

Ich sage dies vor allem mit Blick auf mich selbst, als Nachfolger Petri, der ich diese meine Mission als Bischof der Kirche von Rom beginne, welche berufen ist, der Gesamtkirche in der Liebe vorzustehen, gemäß dem berühmten Wort des heiligen Ignatius von Antiochia.[4] Als er in Ketten in diese Stadt gebracht wurde, an den Ort seines nahenden Lebensopfers, schrieb er an die Christen dort: »Dann werde ich wirklich ein Jünger Jesu Christi sein, wenn die Welt meinen Leib nicht mehr sieht.«[5] Er bezog sich darauf, dass er im Zirkus von wilden Tieren verschlungen werden würde – und so geschah es –, doch seine Worte verweisen in einem allgemeineren Sinn auf eine unverzichtbare Anforderung für alle, die in der Kirche ein Leitungsamt ausüben: zu verschwinden, damit Christus bleibt, sich klein zu machen, damit er erkannt und verherrlicht wird (vgl. Joh 3,30), sich ganz und gar dafür einzusetzen, dass niemandem die Möglichkeit fehlt, ihn zu erkennen und zu lieben.

Gott gebe mir diese Gnade, heute und immer, mit der Hilfe der liebevollen Fürsprache Marias, der Mutter der Kirche.

Gebet und Hingabe

Ansprache an das Kardinalskollegium
Synodenaula
Samstag, 10. Mai 2025

Brüder Kardinäle!

Ich grüße euch und danke euch allen für diese Begegnung und für die Tage zuvor, die schmerzlich waren wegen des Verlusts des Heiligen Vaters Franziskus, herausfordernd wegen der Verantwortung, der wir uns gemeinsam gestellt haben, zugleich aber reich an Gnade und Trost im Heiligen Geist, gemäß der Verheißung, die Jesus selbst uns gegeben hat (vgl. Joh 14,25-27).

Ihr, liebe Kardinäle, seid die engsten Mitarbeiter des Papstes, und es ist ein großer Trost für mich, wenn ich nun ein Joch auf mich nehme, das meine Kräfte und die eines jeden Menschen bei Weitem übersteigt. Eure Anwesenheit erinnert mich daran, dass der Herr, der mir diese Aufgabe anvertraut hat, mich bei der Übernahme dieser Verantwortung nicht allein lässt. Ich weiß vor allem, dass ich immer, immer auf seine Hilfe zählen kann, auf die Hilfe des Herrn, und, durch seine

Gnade und Vorsehung, auf die Nähe von euch und von vielen Brüdern und Schwestern, die in der ganzen Welt an Gott glauben, die Kirche lieben und den Stellvertreter Christi mit ihrem Gebet und guten Werken unterstützen.

Ich danke dem Dekan des Kardinalskollegiums, Kardinal Giovanni Battista Re – er verdient einen Applaus, mindestens einen, wenn nicht mehrere –, dessen Weisheit, Frucht eines langen Lebens und vieler Jahre treuen Dienstes für den Apostolischen Stuhl, uns in dieser Zeit sehr geholfen hat. Ich danke dem Camerlengo der Heiligen Römischen Kirche, Kardinal Kevin Joseph Farrell – ich glaube, er ist hier anwesend –, für die wichtige und anspruchsvolle Aufgabe, die er in der Zeit der Vakanz des Heiligen Stuhls und der Einberufung des Konklaves übernommen hat. Ich denke auch an diejenigen Brüder Kardinäle, die aus gesundheitlichen Gründen nicht anwesend sein konnten, und zusammen mit euch verbinde ich mich mit ihnen in der liebevollen Gemeinschaft des Gebets.

In diesem Moment, der zugleich traurig und freudig und dank der Vorsehung in das Licht des Osterfestes gehüllt ist, möchte ich, dass wir den Heimgang unseres verstorbenen Heiligen Vaters Franziskus und das Konklave zusammen als ein österliches Ereignis betrachten, als einen Wegabschnitt des langen Exodus, durch den der Herr uns weiterhin zur Fülle des Lebens führt; und in dieser Perspektive vertrauen wir dem »Vater des Erbarmens und Gott allen Trostes« (2 Kor 1,3) die Seele des verstorbenen Papstes und auch die Zukunft der Kirche an.

Der Papst, vom heiligen Petrus bis hin zu mir, seinem unwürdigen Nachfolger, ist ein einfacher Diener Gottes und seiner Brüder und Schwestern, und nichts anderes als dies. Das sieht man schön an den Beispielen vieler meiner Vorgänger, wie zuletzt an Papst Franziskus: an seinem hingebungsvollen Dienst und seinem nüchternen, auf das Wesentliche bedachten Lebensstil, daran, wie er sich in seiner Sendung ganz Gott überlassen hat, und an dem ruhigen Vertrauen im Moment seiner Rückkehr in das Haus des Vaters. Nehmen wir dieses kostbare Erbe an und nehmen wir unseren Weg wieder auf, beseelt von derselben Hoffnung, die aus dem Glauben kommt.

Der in unserer Mitte gegenwärtige Auferstandene ist es, der die Kirche beschützt und leitet und sie durch die Liebe, die »durch den Heiligen Geist, der uns gegeben ist, in unsere Herzen ausgegossen ist« (vgl. Röm 5,5), immer wieder neu mit Hoffnung erfüllt. An uns ist es, folgsam auf seine Stimme zu hören und zu treuen Dienern seiner Heilspläne zu werden, eingedenk dessen, dass Gott sich lieber durch ein »sanftes, leises Säuseln« (1 Kön 19,12) oder, wie manche übersetzen, durch eine »sanfte Stimme der Stille« mitteilt als durch Donnergrollen und Erdbeben. Dies ist die wichtige Begegnung, die wir nicht verpassen dürfen und zu der wir das ganze heilige Volk Gottes, das uns anvertraut ist, hinführen und begleiten sollen.

In den vergangenen Tagen haben wir die Schönheit sehen und die Stärke dieser riesigen Gemeinschaft spüren können, die ihren Hirten mit so viel Zuneigung und Verehrung verabschiedet und betrauert und ihn im Augenblick seiner endgültigen Begegnung mit dem Herrn im Glauben und im Gebet begleitet hat. Wir haben gesehen, was die wahre Größe der Kirche ist, deren verschiedene Glieder vereint sind mit dem einen Haupt, mit Christus, dem »Hirten und Hüter« (1 Petr 2,25) unserer Seelen. Sie ist der Mutterschoß, aus dem auch wir hervorgegangen sind, und sie ist zugleich die Herde (vgl. Joh 21,15-17), der Acker (vgl. Mk 4,1-20), der uns anvertraut ist, damit wir ihn pflegen, ihn bestellen, ihn mit den Sakramenten des Heils nähren und mit dem Samen des Wortes befruchten, sodass sie, gefestigt in der Eintracht und begeistert in der Mission, im Schatten der Wolke und im Licht des Feuers Gottes wandelt, wie einst die Israeliten in der Wüste (vgl. Ex 13,21).

Und in diesem Zusammenhang möchte ich, dass wir heute gemeinsam unsere volle Zustimmung zu diesem Weg erneuern, den die Weltkirche seit Jahrzehnten in der Folge des Zweiten Vatikanischen Konzils eingeschlagen hat. Papst Franziskus hat dessen Inhalte in dem Apostolischen Schreiben *Evangelii gaudium*[6] ausgezeichnet in Erinnerung gerufen und aktualisiert, von denen ich einige grundlegende Aspekte hervorheben möchte: die Rückkehr zum Primat Christi in der Verkündigung;[7] die missionarische Umkehr der gesamten christlichen Gemeinschaft;[8] das Wachstum in der Kollegialität und der Synodalität;[9] die Aufmerksamkeit für den *sensus fidei*,[10] insbesondere in seinen typischsten und inklusivsten Formen, wie der Volksfrömmigkeit;[11] die liebevolle Sorge für die Geringsten der Ausgestoßenen;[12] den mutigen und vertrauensvollen Dialog mit der heutigen Welt und ihren verschiedenen Elementen und Gegebenheiten.[13]

Es handelt sich dabei um Grundsätze des Evangeliums, die das Leben und Wirken der Familie Gottes seit jeher beseelt und inspiriert haben, um Werte, durch die sich das barmherzige Antlitz des Vaters offenbart hat und sich weiterhin im menschgewordenen Sohn offenbart, der die letzte Hoffnung eines jeden ist, der aufrichtig nach Wahrheit, Gerechtigkeit, Frieden und Geschwisterlichkeit sucht.[14]

Gerade weil ich mich berufen fühle, diesen Weg weiterzugehen, habe ich mir überlegt, den Namen Leo XIV. anzunehmen. Es gibt verschiedene Gründe, aber in erster Linie, weil Papst Leo XIII. mit der berühmten Enzyklika *Rerum novarum* die soziale Frage im Zusammenhang mit der ersten großen industriellen Revolution angesprochen hat. Und heute bietet die Kirche allen den Schatz ihrer Soziallehre an, um auf eine weitere industrielle Revolution und auf die Entwicklungen der künstlichen Intelligenz zu antworten, die neue Herausforderungen im Hinblick auf die Verteidigung der Menschenwürde, der Gerechtigkeit und der Arbeit mit sich bringen.

Liebe Brüder, ich möchte diesen ersten Teil unserer Begegnung damit beschließen, dass ich mir den Wunsch zu eigen mache – und ihn auch euch nahelege –, den der heilige Paul VI. 1963 an den Anfang seines Petrusamtes stellte: »Möge die Kraft Gottes, ohne dessen Hilfe nichts gültig und nichts heilig ist, auf die ganze Welt wie eine große Flamme des Glaubens und der Liebe herabkommen, die alle Menschen guten Willens entflamme, ihre Wege der gegenseitigen Zusammenarbeit erhelle und der Menschheit weiterhin und immer die Fülle des göttlichen Wohlwollens zuteilwerden lasse.«[15]

Möge dies auch unser Empfinden sein, das es gilt, mit der Hilfe des Herrn zum Gebet und zu hingebungsvollem Dienst werden zu lassen. Danke!

Vom Zuhören zum Dienen

Predigt zur Messe in der Krypta des Petersdoms
Vatikanische Grotten
Sonntag, 11. Mai 2025

Im Evangelium, das wir soeben an diesem Sonntag des Guten Hirten vernommen haben, heißt es: »Meine Schafe hören auf meine Stimme; ich kenne sie und sie folgen mir.« (Joh 10,27)

Ich denke an den Guten Hirten, besonders an diesem in der Osterzeit so bedeutsamen Sonntag. Während wir den Beginn dieser neuen Mission des geistlichen Amtes feiern, zu dem mich die Kirche berufen hat, gibt es kein besseres Vorbild als Jesus Christus selbst, dem wir unser Leben anvertrauen und auf den wir uns verlassen. Jesus Christus ist der Gute Hirte, und er ist derjenige, der uns Leben schenkt: den Weg, die Wahrheit und das Leben. Deshalb feiern wir freudig diesen Tag. Alle Anwesenden seien aus tiefstem Herzen gegrüßt.

Heute ist Muttertag. Ich glaube, es ist nur eine einzige Mutter anwesend: Herzlichen Glückwunsch zum Muttertag! Eine der schönsten Ausdrucksformen der Liebe Gottes ist die Liebe der Mütter, vor allem gegenüber ihren Kindern und Enkelkindern.

Dieser Sonntag ist bekanntlich aus mehreren Gründen etwas Besonderes: An erster Stelle möchte ich die Berufungen nennen. Während der jüngsten Arbeitstreffen der Kardinäle vor und nach der Wahl des neuen Papstes haben wir viel über Berufungen in der Kirche gesprochen und darüber, wie wichtig es ist, dass wir alle gemeinsam danach suchen. In erster Linie, indem wir in unseren Leben freudvoll ein gutes Beispiel geben, die Freude des Evangeliums leben, andere nicht entmutigen, sondern vielmehr nach Wegen suchen, jungen Menschen Mut zu machen, auf die Stimme des Herrn zu hören, ihr zu folgen und in der Kirche zu dienen. »Ich bin der Gute Hirte«, sagt er uns.

Nun möchte ich noch etwas auf Italienisch hinzufügen, denn diese Mission, die wir erfüllen, betrifft nicht mehr nur eine einzelne Diözese, sondern die gesamte Kirche: Dieser universelle Geist ist wichtig. Und wir finden ihn auch in der ersten Lesung, die wir gehört haben (Apg 13, 14,43-52). Paulus und Barnabas gehen nach Antiochia; die Juden kommen zuerst an die Reihe, aber sie wollen nicht auf die Stimme des Herrn hören, und so beginnen sie, das Evangelium der ganzen Welt, den Heiden, zu verkünden. Wie wir wissen, begeben sie sich auf diese große Mission. Der heilige Paulus kommt nach Rom, wo er sie schließlich auch erfüllt. Ein weiteres Beispiel für das Zeugnis eines Guten Hirten. Aber dieses Beispiel enthält überdies eine ganz besondere Einladung an uns alle. Ich habe auch auf ganz persönliche Weise zum Ausdruck gebracht, was es bedeutet, das Evangelium der ganzen Welt zu verkünden.

Habt Mut! Seid ohne Furcht! Im Evangelium sagt Jesus oftmals: »Fürchtet euch nicht!« Wir müssen mutig sein, wenn wir Zeugnis ablegen, gegenüber der Welt und vor allem gegenüber dem Leben: indem wir Leben schenken und dienen, manchmal mit großen Opfern, um diese Mission zu realisieren.

Ich bin auf eine kleine Reflexion gestoßen, die mich sehr zum Nachdenken gebracht hat, weil sie auch im Evangelium vorkommt. Denn es fragte jemand: »Wenn du über dein Leben nachdenkst, wie erklärst du dir, wohin du gelangt bist?« Die Antwort, die in dieser Überlegung gegeben wurde, ist in gewisser Weise auch meine, weil das Verb »zuhören« darin vorkommt. Wie wichtig es doch ist, zuzuhören! Jesus sagt: »Meine Schafe hören auf meine Stimme.« Und ich denke, es ist für uns alle wichtig, zu lernen, mehr zuzuhören, in einen Dialog zu treten. An erster Stelle mit dem Herrn: Hört immer auf das Wort Gottes. Hört anschließend auch auf andere, um zu lernen, Brücken zu bauen, um zu lernen, zuzuhören, ohne zu urteilen, und sich nicht zu verschließen aufgrund der Annahme, wir wüssten die ganze Wahrheit und niemand könne uns etwas beibringen. Es ist sehr wichtig, auf die Stimme des Herrn zu hören, im Rahmen eines Dialogs, und zu erkennen, wozu der Herr uns beruft.

Lasst uns als Kirche gemeinsam voranschreiten und den Herrn bitten, uns die Gnade zu schenken, auf sein Wort hören zu können, um seinem ganzen Volk zu dienen.

»Nein« zum Krieg der Worte

Ansprache vor Vertreterinnen und Vertretern der Medien
Audienzhalle
Montag, 12. Mai 2025

Liebe Schwestern und Brüder!

Ich heiße Sie, die Medienvertreterinnen und -vertreter aus aller Welt, herzlich willkommen. Ich danke Ihnen für die Arbeit, die Sie in dieser Zeit, die für die Kirche vor allem eine Zeit der Gnade ist, geleistet haben und weiterhin leisten.

In der Bergpredigt verkündete Jesus: »Selig, die Frieden stiften.« (Mt 5,9) Diese Seligpreisung fordert uns alle heraus, und gilt ganz besonders Ihnen, indem sie jeden Einzelnen auffordert, sich für eine andere Art der Kommunikation einzusetzen, die nicht um jeden Preis auf Zuspruch aus ist, die nicht aggressive Worte benutzt, die nicht dem Prinzip des Wettbewerbs folgt und welche die Suche nach der Wahrheit niemals von der Liebe trennt, mit der wir sie demütig suchen sollen. Der Friede beginnt bei jedem von uns: damit, wie wir auf unsere Mitmenschen blicken, ihnen zuhören, über sie sprechen. In diesem Sinne ist die Art und Weise, wie wir kommunizieren, von grundlegender Bedeutung: Wir müssen »Nein« sagen zum Krieg der Worte und Bilder, wir müssen das Paradigma des Krieges zurückweisen.

Gestatten Sie mir heute daher, erneut die Solidarität der Kirche mit den Journalistinnen und Journalisten zu bekräftigen, die inhaftiert sind, weil sie sich darum bemüht haben, die Wahrheit zu berichten, und mit diesen Worten auch ihre Freilassung zu fordern. Die Kirche erkennt in diesen Zeugen – ich denke dabei an diejenigen, die auch unter Einsatz ihres Lebens über den Krieg berichten – den Mut jener, welche die Würde, die Gerechtigkeit und das Recht der Völker auf Information verteidigen, denn nur informierte Menschen können freie Entscheidungen treffen. Das Leiden dieser inhaftierten Journalisten fordert das Gewissen der Nationen und der internationalen Gemeinschaft heraus und ruft uns alle dazu auf, das kostbare Gut der Meinungs- und Pressefreiheit zu bewahren.

Vielen Dank, liebe Freunde, für Ihren Dienst an der Wahrheit. Sie waren in diesen Wochen in Rom, um über die Kirche, ihre Vielfalt und zugleich ihre Einheit zu berichten. Sie haben die Liturgien der Karwoche begleitet und anschließend von der Trauer über den Tod von Papst Franziskus berichtet, der sich allerdings im Licht des Osterfestes ereignet hat. Und derselbe österliche Glaube hat uns in den Geist des Konklaves eingeführt – das waren für Sie besonders anstrengende und fordernde Tage. Auch bei dieser Gelegenheit ist es Ihnen gelungen, von der Schönheit der Liebe Christi zu erzählen, die uns alle verbindet und uns zu einem einzigen Volk macht, das vom Guten Hirten geführt wird.

Wir leben in Zeiten, die schwer zu bewältigen und in Worte zu fassen sind, die für uns alle eine Herausforderung darstellen und vor denen wir nicht davonlaufen dürfen. Im Gegenteil, sie verlangen von einem jeden von uns, dass wir in unseren unterschiedlichen Rollen und Diensten niemals der Mittelmäßigkeit nachgeben. Die Kirche muss sich der Herausforderung der Zeit stellen, und ebenso kann es keine Kommunikation und keinen Journalismus außerhalb der Zeit und der Geschichte geben. Daran erinnert uns der heilige Augustinus, der sagte: »Lasst uns gut leben, dann werden die Zeiten gut sein. Wir sind die Zeiten.«[16]

Vielen Dank also für das, was Sie getan haben, um Klischees und Gemeinplätze zu überwinden, anhand derer wir oft das christliche Leben und das Leben der Kirche betrachten. Vielen Dank, denn es ist Ihnen gelungen, das, was uns ausmacht und was wir sind, zu erfassen und über die verschiedenen Medien der ganzen Welt zu vermitteln.

Heute besteht eine der wichtigsten Herausforderungen darin, zu einer Kommunikation zu finden, die in der Lage ist, uns aus dem »Turm zu Babel« herauszuführen, in dem wir uns manchmal befinden, aus der Verwirrung eines lieblosen, oft ideologischen oder parteiischen Sprachgebrauchs. Daher ist Ihr Dienst mit den Worten, die Sie verwenden, und dem Stil, den Sie pflegen, von großer Bedeutung. Kommunikation ist nämlich nicht bloß die Übermittlung von Informationen, sondern Schaffung einer Kultur, menschlicher und digitaler Umgebungen, die zu Räumen des Dialogs und des Austauschs werden. Und angesichts der technologischen Entwicklung wird diese Aufgabe zusehends notwendiger. Ich denke dabei insbesondere an die künstliche Intelligenz mit ihrem riesigen Potenzial, das jedoch Verantwortung und Urteilsvermögen erfordert, um diese Werkzeuge zum Wohle aller einzusetzen, sodass sie der Menschheit zum Guten gereichen. Und diese Verantwortung betrifft alle, je nach ihrem Alter und ihrer Rolle in der Gesellschaft.

Liebe Freunde, mit der Zeit werden wir uns besser kennenlernen. Wir haben – das können wir gemeinsam sagen – wirklich besondere Tage erlebt, Sie haben sie über alle Medien geteilt: Fernsehen, Radio, Internet, soziale Netzwerke. Ich wünsche mir sehr, dass jeder von uns sagen kann, dass diese Tage uns ein bisschen was vom Geheimnis unseres Menschseins gezeigt und in uns den Wunsch nach Liebe und Frieden geweckt haben. Deshalb wiederhole ich heute die Einladung, die Papst Franziskus in seiner letzten Botschaft zum kommenden Welttag der sozialen Kommunikationsmittel ausspricht: Befreien wir die Kommunikation von allen Vorurteilen, Ressentiments, Fanatismus und Hass; befreien wir sie von Aggressivität. Wir brauchen keine laute, muskulöse Kommunikation, sondern vielmehr eine Kommunikation, die zuhören kann, welche die Stimme der Schwachen, die keine Stimme haben, aufzugreifen vermag. Entschärfen wir die Worte, und wir werden dazu beitragen, die Erde zu entwaffnen. Eine entschärfte und entwaffnende Kommunikation ermöglicht uns einen gemeinsamen anderen Blick auf die Welt und ein Handeln, das unserer Menschenwürde entspricht.

Sie stehen in vorderster Reihe, wenn es darum geht, über Konflikte und Friedenshoffnungen, über Ungerechtigkeit und Armut sowie über die stille Arbeit vieler Menschen für eine bessere Welt zu berichten. Deshalb bitte ich Sie, sich bewusst und mutig für den Weg einer Kommunikation des Friedens zu entscheiden.

Vielen Dank Ihnen allen. Gott segne Sie!

Frieden, Wahrheit, Gerechtigkeit

Audienz für Mitglieder des beim Heiligen Stuhl akkreditierten Diplomatischen Korps

Sala Clementina

Freitag, 16. Mai 2025

Ich würde mir wünschen, dass in unserem Dialog immer der Sinn dafür vorherrscht, Familie zu sein – die diplomatische Gemeinschaft repräsentiert in der Tat die gesamte Familie der Völker –, welche die Freuden und Leiden des Lebens und die menschlichen und spirituellen Werte, die es beleben, teilt. Die päpstliche Diplomatie ist nämlich ein Ausdruck der Katholizität der Kirche selbst, und der Heilige Stuhl ist in seinem diplomatischen Handeln von einem pastoralen Drang beseelt, der ihn dazu antreibt, nicht nach Privilegien zu streben, sondern seine Sendung zur Evangelisierung im Dienst der Menschheit zu intensivieren. Er bekämpft jede Gleichgültigkeit und redet immer wieder in die Gewissen, so wie es mein verehrter Vorgänger unermüdlich getan hat, der immer ein offenes Ohr für den Schrei der Armen, der Bedürftigen und Ausgegrenzten hatte, ebenso wie für die Herausforderungen unserer Zeit, von der Bewahrung der Schöpfung bis zur künstlichen Intelligenz.

Ihre Anwesenheit heute ist für mich nicht nur ein konkretes Zeichen der Aufmerksamkeit Ihrer Länder für den Apostolischen Stuhl, sondern auch ein Geschenk, das es mir erlaubt, Ihnen das Bestreben der Kirche – und mein persönliches Bestreben – zu bekräftigen, jedes Volk und jeden einzelnen Menschen auf dieser Erde zu erreichen und zu umarmen, der sich nach Wahrheit, Gerechtigkeit und Frieden sehnt und diese braucht! In gewisser Weise ist meine eigene Lebenserfahrung, die sich zwischen Nordamerika, Südamerika und Europa entfaltet hat, repräsentativ für dieses Bestreben, Grenzen zu überschreiten, um verschiedenen Menschen und Kulturen zu begegnen.

Über die kontinuierliche und geduldige Arbeit des Staatssekretariats hinaus möchte ich das Wissen und den Dialog mit Ihnen und Ihren Ländern vertiefen, von denen ich schon viele im Laufe meines Lebens besuchen durfte, vor allem während meiner Zeit als Generalprior der Augustiner. Ich vertraue darauf, dass die göttliche Vorsehung mir weitere Gelegenheiten zu Begegnungen mit den Lebenswirklichkeiten, aus denen Sie stammen, gewähren wird, sodass ich die sich auftuenden Chancen nutzen kann, um so viele über die ganze Welt verstreute Brüder und Schwestern im Glauben zu stärken und neue Brücken zu allen Menschen guten Willens zu bauen.

In unserem Dialog möchte ich, dass wir drei Schlüsselwörter berücksichtigen, welche die Säulen des missionarischen

Handelns der Kirche und der Arbeit der Diplomatie des Heiligen Stuhls bilden.

Das erste Wort ist *Frieden*. Allzu oft denken wir dabei an ein »negatives« Wort, das heißt an die bloße Abwesenheit von Krieg und Konflikten, da Konflikte Teil der menschlichen Natur sind und uns immer begleiten und uns allzu oft dazu bringen, in einem ständigen »Konfliktzustand« zu leben: zu Hause, am Arbeitsplatz, in der Gesellschaft. Der Friede erscheint dann wie ein bloßer Waffenstillstand, eine Ruhepause zwischen einem Streit und dem nächsten, denn sosehr wir uns auch bemühen, die Spannungen sind immer präsent, ein bisschen wie Glut unter der Asche, die jeden Moment wieder aufflammen kann.

Aus christlicher Sicht – wie auch aus der Sicht anderer religiöser Erfahrungen – ist der Friede in erster Linie ein Geschenk: das erste Geschenk Christi: »Meinen Frieden gebe euch.« (Joh 14,27) Er ist jedoch ein aktives Geschenk, das miteinbezieht, das jeden von uns, unabhängig von seinem kulturellen Hintergrund und seiner religiösen Zugehörigkeit, betrifft und in die Pflicht nimmt und das zuallererst eine Arbeit an uns selbst erfordert. Der Friede entsteht im Herzen und aus dem Herzen heraus, indem man Stolz und Forderungen zurückstellt und die Worte abwägt, denn man kann auch mit Worten verletzen und töten, nicht nur mit Waffen.

Unter diesem Gesichtspunkt halte ich den Beitrag, den die Religionen und der interreligiöse Dialog zur Förderung eines Umfelds des Friedens leisten können, für grundlegend. Dies setzt natürlich die uneingeschränkte Achtung der Religionsfreiheit in jedem Land voraus, denn die religiöse Erfahrung ist eine grundlegende Dimension der menschlichen Person, ohne die es schwierig, wenn nicht gar unmöglich ist, eine Reinigung des Herzens zu erreichen, die notwendig ist, um Beziehungen des Friedens aufzubauen.

Ausgehend von dieser Aufgabe, zu der wir alle berufen sind, können die Voraussetzungen für alle Konflikte und für den zerstörerischen Eroberungswillen beseitigt werden. Dies erfordert auch einen aufrichtigen Willen zum Dialog, der von dem Wunsch beseelt ist, sich zu begegnen statt zu bekämpfen. Unter diesem Gesichtspunkt müssen die multilaterale Diplomatie und die internationalen Institutionen, die ursprünglich zur Beilegung etwaiger Streitigkeiten innerhalb der internationalen Gemeinschaft gedacht waren, wiederbelebt werden. Natürlich brauchen wir auch den Willen, keine Instrumente der Zerstörung und des Todes mehr zu produzieren, denn, wie Papst Franziskus in seiner letzten Botschaft *Urbi et Orbi* in Erinnerung rief: »Es kann keinen Frieden geben ohne echte Abrüstung! Der Anspruch eines jeden Volkes, für seine eigene Verteidigung zu sorgen, darf nicht zu einem allgemeinen Wettrüsten führen.«[17]

Das zweite Wort ist *Gerechtigkeit*. Wer Frieden will, muss Gerechtigkeit üben. Wie ich bereits erwähnt habe, habe ich bei der Wahl meines Namens vor allem an Leo XIII. gedacht, den Papst der ersten großen Sozialenzyklika *Rerum novarum*. In dem Epochenwandel, den wir erleben, kann der Heilige Stuhl nicht umhin, seine Stimme angesichts der vielen Ungleichgewichte und Ungerechtigkeiten zu erheben, die unter anderem zu unwürdigen Arbeitsbedingungen und zunehmend fragmentierten und konfliktgeladenen Gesellschaften führen. Es müssen auch Anstrengungen unternommen werden, um die globalen Ungleichheiten zu beseitigen, bei denen Reichtum und Armut tiefe Furchen zwischen Kontinenten, Ländern und sogar innerhalb einzelner Gesellschaften ziehen.

Es ist die Aufgabe derjenigen, die Regierungsverantwortung tragen, sich um den Aufbau harmonischer und friedlicher Zivilgesellschaften zu bemühen. Dies kann in erster Linie durch Investitionen für die Familie geschehen, die auf der stabilen Verbindung zwischen einem Mann und einer Frau beruht, »eine wahre Gesellschaft [...], so klein immerhin diese Gesellschaft sich darstellt; sie ist älter als jegliches andere Gemeinwesen«.[18] Darüber hinaus kommt niemand umhin, sich jeweils um ein Umfeld zu bemühen, in dem die Würde jedes Menschen geschützt wird, insbesondere der schwächsten und schutzlosesten, vom ungeborenen Kind bis zum alten Menschen, vom Kranken bis zum Arbeitslosen, ob Bürger oder Einwanderer.

Meine eigene Geschichte ist die eines Bürgers, eines Nachkommen von Einwanderern, der seinerseits Auswanderer ist. Jeder von uns kann sich im Laufe seines Lebens gesund oder krank, erwerbstätig oder arbeitslos, in der Heimat oder in einem fremden Land wiederfinden: Unsere Würde bleibt jedoch immer dieselbe, nämlich die eines von Gott gewollten und geliebten Geschöpfes.

Das dritte Wort ist *Wahrheit*. Wirklich friedliche Beziehungen können nicht ohne Wahrheit aufgebaut werden, auch nicht innerhalb der internationalen Gemeinschaft. Wo Worte zweideutige und ambivalente Bedeutungen annehmen und die virtuelle Welt mit ihrer veränderten Wahrnehmung der Realität unkontrolliert die Oberhand gewinnt, ist es schwierig, authentische Beziehungen aufzubauen, weil die objektiven und realen Voraussetzungen der Kommunikation verloren gehen.

Die Kirche kann sich ihrerseits niemals ihrem Auftrag entziehen, die Wahrheit über den Menschen und die Welt auszusprechen, auch wenn sie, wenn nötig, zu einer deutlichen Sprache greift, die vielleicht ein anfängliches Unverständnis hervorruft. Die Wahrheit ist jedoch niemals von der Nächstenliebe zu trennen, deren Wurzel immer die Sorge um das Leben und das Wohl eines jeden Menschen ist. Aus christlicher Sicht ist die Wahrheit außerdem nicht die Bestätigung abstrakter und realitätsferner Prinzipien, sondern die Begegnung mit der Person Christi selbst, der in der Gemeinschaft der Gläubigen lebt. So entfremdet uns die Wahrheit nicht, sondern befähigt uns vielmehr, die Herausforderungen unserer Zeit mit größerem Nachdruck anzugehen, wie etwa die Migration, die ethische Nutzung der künstlichen Intelligenz und die Bewahrung unserer geliebten Erde. Dies sind Herausforderungen, die das Engagement und die Zusammenarbeit aller erfordern, denn niemand kann sich ihnen allein stellen.

Liebe Botschafterinnen und Botschafter, mein Dienst beginnt mitten in einem Heiligen Jahr, das in besonderer Weise der Hoffnung gewidmet ist. Es ist eine Zeit der Umkehr und der Erneuerung und vor allem eine Gelegenheit, Streitigkeiten hinter sich zu lassen und einen neuen Weg einzuschlagen, der von der Hoffnung beseelt ist, dass wir gemeinsam, jeder entsprechend seiner Sensibilität und Verantwortung, eine Welt aufbauen können, in der jeder sein Menschsein in Wahrheit, Gerechtigkeit und Frieden verwirklichen kann. Ich hoffe, dass dies in allen Situationen geschehen kann, angefangen bei denen, die am meisten geprüft sind, wie die Ukraine und das Heilige Land.

Ich danke Ihnen für all die Arbeit, die Sie leisten, um Brücken zwischen Ihren Ländern und dem Heiligen Stuhl zu bauen, und ich segne Sie, Ihre Familien und Ihre Völker von ganzem Herzen. Danke!

Und danke für all die Arbeit, die Sie tun!

Liebe und Einheit

Predigt zur Heiligen Messe zu Beginn des Pontifikats
Petersplatz
Sonntag, 18. Mai 2025

Ich grüße euch alle am Beginn des mir anvertrauten Dienstes mit großer Dankbarkeit im Herzen. Der heilige Augustinus schrieb: Herr, »geschaffen hast du uns im Hinblick auf dich, und unruhig ist unser Herz, bis es ruhet in dir«.[19]

In den letzten Tagen haben wir eine besonders intensive Zeit erlebt. Der Tod von Papst Franziskus hat unsere Herzen mit Trauer erfüllt, und in diesen schwierigen Stunden haben wir uns gefühlt wie diese vielen Menschen, von denen das Evangelium sagt, sie seien gewesen »wie Schafe, die keinen Hirten haben« (Mt 9,36). Gerade am Ostersonntag jedoch haben wir seinen letzten Segen empfangen, und so haben wir diesen Moment im Licht der Auferstehung in der Gewissheit erlebt, dass der Herr sein Volk niemals verlässt, dass er es sammeln wird, wenn es zerstreut ist, und es »hüten wird wie ein Hirt seine Herde« (Jer 31,10).

In dieser gläubigen Gesinnung hat sich das Kardinalskollegium zum Konklave versammelt. Von unterschiedlicher Herkunft haben wir unseren Wunsch, den neuen Nachfolger Petri zu wählen, den Bischof von Rom, einen Hirten, der das reiche Erbe des christlichen Glaubens bewahren und zugleich den Blick weit in die Zukunft richten kann, um den Fragen, Sorgen und Herausforderungen der heutigen Zeit zu begegnen, in Gottes Hände gelegt. Begleitet von euren Gebeten haben wir das Wirken des Heiligen Geistes gespürt, der die verschiedenen Musikinstrumente aufeinander abgestimmt und die Saiten unserer Herzen in einer einzigen Melodie zum Schwingen gebracht hat.

Ich wurde ohne jegliches Verdienst ausgewählt und komme mit Furcht und Zittern *zu euch als ein Bruder*, der sich zum Diener eures Glaubens und eurer Freude machen und mit euch auf dem Weg der Liebe Gottes wandeln möchte, der möchte, dass wir alle eine einzige Familie sind.

Liebe und Einheit: Dies sind die beiden Dimensionen der Sendung, die Jesus Petrus anvertraut hat.

Das berichtet uns der Abschnitt aus dem Evangelium, der uns an den See von Tiberias führt, an denselben Ort, an dem Jesus die ihm vom Vater anvertraute Sendung begonnen hatte: die Menschheit aus den Wassern des Bösen und des Todes zu »fischen« und sie zu retten. Als er am Ufer jenes Sees entlangging, hatte er Petrus und die anderen ersten Jünger berufen, wie er »Menschenfischer« zu sein. Nun, nach der Auferstehung, ist es an ihnen, diese Sendung fortzuführen, immer wieder neu das Netz auszuwerfen, um die Hoffnung des Evangeliums in die Wasser der Welt einzutauchen und das Meer des Lebens zu befahren, damit alle in die Umarmung Gottes finden.

Wie kann Petrus diese Aufgabe erfüllen?

Das Evangelium sagt uns, dass dies nur möglich ist, weil er in seinem Leben die unendliche und bedingungslose Liebe Gottes erfahren hat, auch in der dunklen Stunde des Versagens und der Verleugnung. Aus diesem Grund verwendet das Evangelium, als Jesus sich an Petrus wendet, das griechische Verb *agapao*, das die Liebe Gottes zu uns bezeichnet, seine vorbehaltlose und selbstlose Hingabe, im Gegensatz zu dem Verb, das für die Antwort des Petrus verwendet wird, und das die Freundesliebe meint, die wir einander entgegenbringen.

Als Jesus Petrus fragt: »Simon, Sohn des Johannes, liebst du mich?« (Joh 21,16), bezieht er sich also auf die Liebe des Vaters. Es ist, als würde Jesus ihm sagen: Nur wenn du diese Liebe Gottes, die niemals versiegt, erkannt und erfahren hast, kannst du meine Lämmer weiden; nur in der Liebe Gottes, des Vaters, kannst du deine Brüder mit jenem »Mehr« lieben, das darin besteht, dein Leben für deine Schwestern und Brüder hinzugeben.

Petrus wird also die Aufgabe übertragen, »mehr zu lieben« und sein Leben für die Herde hinzugeben. Das Petrusamt ist gerade durch diese aufopfernde Liebe gekennzeichnet, denn die Kirche von Rom hat den Vorsitz in der Liebe, und ihre wahre Autorität ist die Liebe Christi. Es geht niemals darum, andere durch Zwang, religiöse Propaganda oder Machtmittel zu vereinnahmen, sondern immer und ausschließlich darum, so zu lieben, wie Jesus es getan hat.

Er – so sagt ebendieser Apostel Petrus – »ist der Stein, der von euch Bauleuten verworfen wurde, der aber zum Eckstein geworden ist« (Apg 4,11). Und wenn der Stein Christus ist, muss Petrus die Herde weiden, ohne je der Versuchung zu erliegen, ein einsamer Anführer oder ein über den anderen stehender Chef zu sein, der sich zum Beherrscher der ihm anvertrauten Menschen macht (vgl. 1 Petr 5,3); im Gegenteil, von ihm wird verlangt, dem Glauben der Brüder und Schwestern zu dienen, indem er mit ihnen gemeinsam auf dem Weg ist: Denn wir alle sind »lebendige Steine« (1 Petr 2,5) und durch unsere Taufe dazu berufen, das Haus Gottes in geschwisterlicher Gemeinschaft, im Einklang des Heiligen Geistes und in einem Zusammenleben in Verschiedenheit aufzubauen. Der heilige Augustinus sagt: »Die Kirche besteht aus all denen, die mit ihren Brüdern in Eintracht leben und den Nächsten lieben.«[20]

Liebe Schwestern und Brüder, ich würde mir wünschen, dass dies unser erstes großes Verlangen ist: *eine geeinte Kirche, als Zeichen der Einheit und der Gemeinschaft, die zum Sauerteig einer versöhnten Welt wird.*

In unserer Zeit erleben wir noch immer zu viel Zwietracht, zu viele Wunden, die durch Hass, Gewalt, Vorurteile, Angst vor dem Anderen und durch ein Wirtschaftsmodell verursacht werden, das die Ressourcen der Erde ausbeutet und die Ärmsten an den Rand drängt. Und wir möchten in diesem Teig ein kleines Stückchen Sauerteig sein, das Einheit, Gemeinschaft und Geschwisterlichkeit fördert. Wir möchten der Welt mit Demut und Freude sagen: Schaut auf Christus! Kommt zu ihm! Nehmt sein Wort an, das erleuchtet und tröstet! Hört auf sein Angebot der Liebe, damit ihr zu seiner einen Familie werdet: *In dem einen Christus sind wir eins.* Und das ist der Weg, der gemeinsam zu gehen ist, innerhalb der Kirche, aber auch mit den christlichen Schwesterkirchen, mit denen, die andere religiöse Wege gehen, mit denen, welche die Unruhe der Suche nach Gott in sich tragen, mit allen Frauen und Männern guten Willens, um eine neue Welt aufzubauen, in welcher der Friede herrscht.

Dies ist der missionarische Geist, der uns beseelen muss, ohne dass wir uns in unserer kleinen Gruppe verschließen oder uns der Welt überlegen fühlen. Wir sind gerufen, allen Menschen die Liebe Gottes zu bringen, damit jene Einheit Wirklichkeit wird, welche die Unterschiede nicht aufhebt, sondern die persönliche Geschichte jedes Einzelnen und die soziale und religiöse Kultur jedes Volkes zur Geltung bringt.

Schwestern und Brüder, dies ist die Stunde der Liebe! Die Liebe Gottes, die uns zu Brüdern und Schwestern macht, ist der Kern des Evangeliums, und mit meinem Vorgänger Leo XIII. können wir uns heute fragen: Wenn dieses Kriterium »in der Welt die Oberhand gewinnen würde, würde dann nicht jeder Zwist sofort aufhören und wieder Friede einkehren«?[21]

Lasst uns im Licht und mit der Kraft des Heiligen Geistes an einer Kirche bauen, die auf der Liebe Gottes gegründet und ein Zeichen der Einheit ist, an einer missionarischen

Kirche, die ihre Arme der Welt gegenüber öffnet, die das Wort verkündet, die sich von der Geschichte herausfordern lässt und die zum Sauerteig der Eintracht für die Menschheit wird.

Gehen wir gemeinsam, als *ein* Volk, alle Brüder und Schwestern, auf Gott zu und lieben wir einander.

In dem Einen, Christus, sind wir eins

Ansprache an Vertreter anderer Kirchen und kirchlicher Gemeinschaften sowie anderer Religionen
Sala Clementina
Montag, 19. Mai 2025

Eines der starken Themen des Pontifikats von Papst Franziskus war die universale Geschwisterlichkeit. In dieser Hinsicht hat der Heilige Geist ihn wirklich »gedrängt«, die Öffnungen und Initiativen, die bereits von früheren Päpsten, insbesondere seit Johannes XXIII., unternommen worden sind, mit großen Schritten voranzubringen. Der Papst der Enzyklika *Fratelli tutti* hat sowohl den ökumenischen Weg als auch den interreligiösen Dialog gefördert, vor allem durch die Pflege der zwischenmenschlichen Beziehungen, und zwar so, dass der menschliche Charakter der Begegnung immer hervortrat, ohne die kirchlichen Bindungen zu relativieren. Möge Gott uns helfen, sein Zeugnis zu beherzigen!

Meine Wahl geschah in dieser Zeit, da sich das Erste Ökumenische Konzil von Nizäa zum 1700. Mal jährt. Dieses Konzil war ein Meilenstein auf dem Weg der Formulierung des gemeinsamen Glaubensbekenntnisses aller Kirchen und kirchlichen Gemeinschaften. Während wir auf dem Weg sind, die volle Gemeinschaft unter allen Christen wiederherzustellen, erkennen wir, dass diese Einheit nur eine Einheit im Glauben sein kann. Als Bischof von Rom betrachte ich es als eine meiner vorrangigen Aufgaben, mich um die Wiederherstellung der vollen und sichtbaren Gemeinschaft unter all jenen zu bemühen, die denselben Glauben an Gott, den Vater, den Sohn und den Heiligen Geist bekennen.

In der Tat war mir das Streben nach Einheit stets ein wichtiges Anliegen, wie der Wahlspruch bezeugt, den ich für meinen bischöflichen Dienst gewählt habe: *In Illo uno unum*, ein Ausdruck des heiligen Augustinus von Hippo, der uns daran erinnert, dass auch wir, obwohl wir viele sind, »in jenem Einen – also Christus – eins sind«.[22] In der Tat verwirklicht sich unsere Gemeinschaft in dem Maße, in dem wir in Jesus, dem Herrn, zusammenfinden. Je treuer und gehorsamer wir ihm gegenüber sind, desto mehr sind wir untereinander vereint. Deshalb sind wir als Christen alle aufgerufen, gemeinsam zu beten und zu arbeiten, um dieses Ziel, das das Werk des Heiligen Geistes ist und bleibt, Schritt für Schritt zu erreichen.

Im Bewusstsein, dass Synodalität und Ökumene zudem eng miteinander verbunden sind, möchte ich Ihnen versichern, dass ich beabsichtige, die Bemühungen von Papst Franziskus zur Förderung des synodalen Charakters der katholischen Kirche fortzusetzen und neue und konkrete Formen für eine immer intensivere Synodalität im ökumenischen Bereich zu entwickeln.

Unser gemeinsamer Weg kann und muss auch in einem weiten Sinne verstanden werden, der alle einbezieht, im Sinne der Geschwisterlichkeit aller Menschen, die ich zuvor angesprochen habe. Heute ist Zeit für den Dialog und den Bau von Brücken. Und deshalb bin ich froh und dankbar für die Anwesenheit von Vertretern anderer religiöser Traditionen, welche die Suche nach Gott und seinem Willen teilen, der immer und ausschließlich ein Wille der Liebe und des Lebens für alle Männer und Frauen und für alle Geschöpfe ist.

Sie haben die beachtlichen Bemühungen von Papst Franziskus um den interreligiösen Dialog miterlebt. Durch seine Worte und Taten hat er neue Perspektiven der Begegnung eröffnet, um »die Kultur des Dialogs als Weg, die allgemeine Zusammenarbeit als Verhaltensregel und das gegenseitige Verständnis als Methode und Maßstab«[23] zu fördern. Ich danke dem Dikasterium für den interreligiösen Dialog. Es leistet einen wichtigen Beitrag, indem es Begegnungen und Austausch fördert. So werden Beziehungen aufgebaut, die auf der Geschwisterlichkeit aller Menschen gründen.

Ich möchte einen besonderen Gruß an unsere jüdischen und muslimischen Brüder und Schwestern richten. Aufgrund der jüdischen Wurzeln des Christentums haben alle Christinnen und Christen eine besondere Beziehung zum Judentum. Die Konzilserklärung *Nostra aetate*[24] unterstreicht die Größe des gemeinsamen geistigen Erbes von Christen und

Juden und ermutigt zu gegenseitiger Kenntnis und Wertschätzung. Der theologische Dialog zwischen Christen und Juden bleibt stets wichtig und liegt mir am Herzen. Auch in diesen schwierigen Zeiten, die von Konflikten und Missverständnissen geprägt sind, ist es nötig, diesen wertvollen Dialog kraftvoll fortzuführen.

Die Beziehungen zwischen der katholischen Kirche und den Muslimen sind durch ein wachsendes Engagement für den Dialog und die Geschwisterlichkeit gekennzeichnet, das begünstigt wird von der Wertschätzung gegenüber diesen Brüdern und Schwestern, »die den alleinigen Gott anbeten, den lebendigen und in sich seienden, barmherzigen und allmächtigen, den Schöpfer des Himmels und der Erde, der zu den Menschen gesprochen hat«.[25] Ein solcher Ansatz, der auf gegenseitigem Respekt und Gewissensfreiheit beruht, ist eine solide Grundlage, um Brücken zwischen unseren Gemeinschaften zu bauen.

Ihnen allen, den Vertretern anderer religiöser Traditionen, spreche ich meine Dankbarkeit für Ihre Teilnahme an diesem Treffen und für Ihren Beitrag zum Frieden aus. In einer Welt, die von Gewalt und Konflikten verwundet ist, bringt jede der hier vertretenen Gemeinschaften ihren eigenen Beitrag an Weisheit, Mitgefühl und Engagement für das Wohl der Menschheit und den Schutz des gemeinsamen Hauses ein. Ich bin überzeugt, dass wir, wenn wir einig und frei von ideologischen und politischen Konditionierungen sind, wirksam Nein zum Krieg und Ja zum Frieden, Nein zum Rüstungswettlauf und Ja zur Abrüstung, Nein zu einer Wirtschaft, welche die Menschen und die Erde auslaugt, und Ja zu einer ganzheitlichen Entwicklung sagen können.

Das Zeugnis unserer Geschwisterlichkeit, das wir, wie ich hoffe, mit wirksamen Gesten werden unter Beweis stellen können, wird sicher zum Aufbau einer friedlicheren Welt beitragen, wie es sich alle Männer und Frauen guten Willens von Herzen wünschen.

Liebe Anwesende, ich danke Ihnen erneut für Ihre Verbundenheit. Bitten wir Gott in unseren Herzen um seinen Segen: Seine unendliche Güte und Weisheit mögen uns helfen, als seine Kinder, als Brüder und Schwestern zu leben, auf dass in der Welt die Hoffnung wachse. Ich danke Ihnen von Herzen!

Gnade, Glaube und Gerechtigkeit

Predigt anlässlich des Besuchs des Grabes des heiligen Paulus

Basilika Sankt Paul vor den Mauern
Dienstag, 20. Mai 2025

Der Abschnitt aus der Heiligen Schrift, den wir gehört haben, ist der Anfang eines wunderbaren Briefes des heiligen Paulus an die Christen in Rom, dessen Botschaft drei bedeutende Themen umfasst: die *Gnade*, den *Glauben* und die *Gerechtigkeit*. Vertrauen wir den Beginn dieses neuen Pontifikats der Fürsprache des Völkerapostels an und denken wir gemeinsam über seine Botschaft nach.

Der heilige Paulus sagt zuallererst, dass er die *Gnade* der Berufung von Gott erhalten habe (vgl. Röm 1,5). Er erkennt also, dass seine Begegnung mit Christus und sein Dienst mit jener Liebe verbunden sind, mit der Gott ihm zuvorgekommen ist und ihn zu einem neuen Leben berufen hat, als er vom Evangelium noch weit entfernt war und die Kirche verfolgte. Der heilige Augustinus – ebenfalls ein Konvertit –

spricht von derselben Erfahrung, wenn er sagt: »Was werden wir wählen können, wenn wir nicht zuvor selbst erwählt worden sind? Denn wenn wir nicht zuvor geliebt worden sind, können wir noch nicht einmal lieben.«[26] Am Ursprung jeder Berufung steht Gott: Seine Barmherzigkeit und seine Güte sind so großherzig wie die einer Mutter (vgl. Jes 66,12-14), die ihr Kind auf natürliche Weise durch ihren eigenen Leib nährt, solange es noch nicht in der Lage ist, sich selbst zu ernähren.[27]

Paulus spricht jedoch im selben Abschnitt auch vom »Glaubensgehorsam« (Röm 1,5) und teilt wiederum die Erfahrungen, die er gemacht hat. Als der Herr ihm auf dem Weg nach Damaskus erschienen ist (vgl. Apg 9,1-30), hat er ihm nämlich nicht seine Freiheit genommen, sondern die Möglichkeit einer Wahl gelassen, eines Gehorsams als Ergebnis von Anstrengung, inneren und äußeren Kämpfen, denen er sich zu stellen bereit war. Die Erlösung ereignet sich nicht wie von Zauberhand, sondern durch ein Geheimnis der *Gnade* und des *Glaubens*, der zuvorkommenden Liebe Gottes sowie der vertrauensvollen und freien Zustimmung des Menschen (vgl. 2 Tim 1,12).

Während wir also dem Herrn für die Berufung danken, durch die er das Leben des Saulus verwandelt hat, bitten wir ihn darum, dass wir auf dieselbe Weise auf seine Einladungen antworten können, indem wir Zeugen jener Liebe werden, die »ausgegossen [ist] in unsere Herzen durch den Heiligen Geist, der uns gegeben ist« (Röm 5,5). Wir bitten ihn, dass wir fähig werden, seine Liebe zu pflegen und weiterzugeben, indem wir einander zu Nächsten werden,[28] und zwar in demselben Eifer an Liebe, der den einstigen Verfolger seit der Begegnung mit Christus dazu gedrängt hat, »allen alles zu werden« – bis zum Martyrium (vgl. 1 Kor 9,19-23). So wird sich für uns wie für ihn in der Schwäche des Fleisches die Kraft des Glaubens an Gott offenbaren, der *gerecht* macht (vgl. Röm 5,1-5).

Diese Basilika ist seit Jahrhunderten der Obhut einer Benediktinergemeinschaft anvertraut. Wie könnte man da, wenn von der Liebe als Quelle und Triebkraft der Verkündigung des Evangeliums die Rede ist,[29] die eindringlichen Worte des heiligen Benedikt vergessen, mit denen er in seiner Regel an die brüderliche Liebe im Kloster und an die Gastfreundschaft gegenüber allen Menschen appelliert?

Schließen möchte ich jedoch mit den Worten, die mehr als tausend Jahre später ein anderer Benedikt, Papst Benedikt XVI., an die Jugendlichen richtete: »Liebe Freunde«, sagte er, »Gott liebt uns. Das ist die große Wahrheit unseres Lebens, die allem anderen Sinn gibt. [...] am Anfang unserer Existenz gibt es einen Liebesplan Gottes«, und der Glaube ist es, der »uns diesem Geheimnis der Liebe unser Herz öffnen lässt und als Menschen leben lässt, die sich von Gott geliebt wissen«.[30]

Dies ist die schlichte und einzige Wurzel jeder Sendung, auch der meinen als Nachfolger Petri und Erbe des apostolischen Eifers des Paulus. Der Herr schenke mir die Gnade, seinem Ruf treu zu folgen.

An der Einheit mitarbeiten

Begegnung mit Mitarbeitenden des Heiligen Stuhls
und des Vatikans
Vatikanische Audienzhalle
Samstag, 24. Mai 2025

Diese unsere erste Begegnung ist sicherlich nicht der geeignete Moment für programmatische Reden; sie gibt mir vielmehr die Gelegenheit, euch für euren Dienst zu danken, diesen Dienst, den ich sozusagen von meinen Vorgängern »erbe«. Aufrichtigen Dank! Wie ihr wisst, bin ich erst vor zwei Jahren gekommen, als mich der liebe Papst Franziskus zum Präfekten des Dikasteriums für die Bischöfe ernannt hat. Damals habe ich die Diözese Chiclayo in Peru verlassen und bin zum Arbeiten hierhergekommen. Was für eine Veränderung! Und dann jetzt … Was soll ich sagen? Nur das, was Simon Petrus am See von Tiberias zu Jesus gesagt hat: »Herr, du weißt alles; du weißt, dass ich dich liebe.« (Joh 21,17)

Die Päpste kommen und gehen, aber die Kurie bleibt. Das gilt für jede Teilkirche, für die bischöflichen Kurien. Und das gilt auch für die Kurie des Bischofs von Rom. Die Kurie ist die Institution, die das *historische Gedächtnis* einer Kirche, des Dienstes ihrer Bischöfe bewahrt und weitergibt. Das ist sehr wichtig. Die Erinnerung ist ein wesentliches Element in einem lebendigen Organismus. Sie ist nicht nur der Vergangenheit zugewandt, sondern sie speist die Gegenwart und ist Orientierung für die Zukunft. Ohne Erinnerung führt der Weg in die Irre, der Sinn geht verloren.

Das ist der erste Gedanke, den ich mit euch teilen möchte: In der Römischen Kurie zu arbeiten, bedeutet, einen Beitrag zu leisten, damit die Erinnerung des Apostolischen Stuhls lebendig bleibt, im lebenswichtigen Sinn, auf den ich eben angespielt habe, sodass der Dienst des Papstes auf beste Weise erfolgen kann. Und in vergleichbarer Weise kann man dies auch von den Diensten des Staates der Vatikanstadt sagen.

Dann gibt es einen weiteren, das historische Gedächtnis ergänzenden Aspekt, auf den ich hinweisen möchte: die *missionarische* Dimension der Kirche, der Kurie und aller mit dem Petrusdienst verbundenen Einrichtungen. Das hat Papst Franziskus sehr stark betont, der in Übereinstimmung mit dem im Apostolischen Schreiben *Evangelii gaudium* dargelegten Vorhaben die Römische Kurie unter dem Aspekt der Evangelisierung reformiert hat, und zwar mit der Apostolischen Konstitution *Praedicate evangelium*. Und dies hat er getan, indem er den Spuren seiner Vorgänger folgte, insbesondere des heiligen Paul VI. und des heiligen Johannes Paul II.

Ich denke, ihr wisst, dass die Missionserfahrung Teil meines Lebens ist, und das nicht nur als Getaufter, wie das für uns alle als Christen gilt, sondern weil ich als Augustiner Missionar in Peru war und inmitten des peruanischen Volkes meine Berufung als Hirte herangereift ist. Ich werde dem Herrn niemals genug für dieses Geschenk danken können! Dann bedeutete der Ruf, der Kirche hier an der Römischen Kurie zu dienen, eine neue Mission, die ich in diesen letzten beiden Jahren mit euch geteilt habe. Und die ich noch fortsetze und fortsetzen werde, solange Gott will, in diesem Dienst, der mir anvertraut ist.

Daher möchte ich auch euch sagen, was ich bei meinem ersten Gruß am Abend des 8. Mai gesagt habe: »Wir müssen gemeinsam nach Wegen suchen, wie wir eine missionarische Kirche sein können, eine Kirche, die Brücken baut, den Dialog pflegt und stets offen ist, alle mit offenen Armen aufzunehmen, […] alle, alle die unseres Erbarmens, unserer Gegenwart, des Dialogs und der Liebe bedürfen.«[31] Diese Worte waren an die Kirche von Rom gerichtet. Und wenn ich sie jetzt wiederhole, denke ich an die Mission dieser Kirche gegenüber allen Teilkirchen und der ganzen Welt, nämlich in Liebe und in Wahrheit der Gemeinschaft, der Einheit zu dienen. Der Herr hat Petrus und seinen Nachfolgern diese Aufgabe anvertraut, und ihr alle arbeitet auf verschiedene Weise an diesem großen Werk mit. Jeder leistet seinen Beitrag, indem er die tagtägliche Arbeit mit Einsatz und auch mit Glauben tut, denn der Glaube und das Gebet sind wie das Salz für die Speisen, sie verleihen Geschmack.

Wenn wir nun alle an diesem großen Anliegen der Einheit und der Liebe mitarbeiten sollen, dann wollen wir uns bemühen, dies vor allem mit unserem Verhalten in den ganz alltäglichen Situationen zu tun, angefangen auch mit dem Arbeitsumfeld. Jeder kann Einheit stiften durch sein Verhalten gegenüber den Arbeitskollegen, indem er die unvermeidbaren Missverständnisse mit Geduld, mit Demut überwindet, indem er sich in die Haut der anderen versetzt, Vorurteile vermeidet und auch mit einer guten Portion Humor, wie es uns Papst Franziskus gelehrt hat.

Zuhören, verstehen, erinnern

Predigt während der Messe anlässlich der Inbesitznahme des Stuhls des Bischofs von Rom

Lateranbasilika

Sonntag, 25. Mai 2025

Die Kirche von Rom hat eine lange Geschichte, die im Zeugnis von Petrus, Paulus und unzähligen Märtyrern gründet, und sie hat eine einzigartige Aufgabe, die auf der Fassade dieser Kathedrale geschrieben steht: *Mater omnium Ecclesiarum*, Mutter aller Kirchen zu sein.

Papst Franziskus hat uns oft dazu eingeladen, über die mütterliche Dimension der Kirche[32] und über ihre besonderen Merkmale nachzudenken: Zärtlichkeit, Opferbereitschaft und jene Fähigkeit, zuzuhören, die es nicht nur ermöglicht, zu helfen, sondern oft auch Bedürfnissen und Erwartungen zu begegnen, noch bevor sie ausgesprochen werden. Das sind Eigenschaften, von denen wir hoffen, dass sie überall im Volk Gottes wachsen, auch hier, in unserer großen Bistumsfamilie: bei den Gläubigen, bei den Hirten, allen voran bei mir. Die

Lesungen, die wir gehört haben, können uns beim Nachdenken darüber helfen.

Insbesondere in der Apostelgeschichte (vgl. 15,1-2.22-29) geht es darum, wie die erste Gemeinde mit der Herausforderung umgegangen ist, sich bei der Verkündigung des Evangeliums der heidnischen Welt zu öffnen. Das war kein einfacher Prozess: Er erforderte viel Geduld und gegenseitiges Zuhören; das geschah vor allem in der Gemeinde von Antiochia, wo die Brüder im Dialog – auch in Auseinandersetzungen – gemeinsam zu einer Lösung der Angelegenheit gelangten. Dann aber gingen Paulus und Barnabas nach Jerusalem. Sie haben nicht auf eigene Faust entschieden, sondern die Gemeinschaft mit der Mutterkirche gesucht und sich in Demut an sie gewandt.

Dort hörten Petrus und die Apostel ihnen zu. So kam ein Dialog in Gang, der schließlich zur richtigen Entscheidung führte: In Anerkennung und unter Berücksichtigung der Bemühungen der Neubekehrten wurde vereinbart, ihnen keine übermäßigen Lasten aufzuerlegen, sondern sich auf das Wesentliche zu beschränken (vgl. Apg 15,28-29). So wurde aus etwas, das ein Problem zu sein schien, für alle eine Gelegenheit zum Nachdenken und Wachsen.

Der Bibeltext sagt uns aber noch mehr und geht über die vielschichtige und interessante menschliche Dynamik des Ereignisses hinaus.

Das zeigen uns die Worte, welche die Brüder aus Jerusalem in einem Brief an die Brüder in Antiochia schreiben, um ihnen ihre Entscheidungen mitzuteilen. Sie schreiben: »Der

Heilige Geist und wir haben beschlossen.« (Apg 15,28) Sie betonen also, dass das Wichtigste in dem ganzen Geschehen das Hören auf die Stimme Gottes war, das alles andere erst möglich gemacht hat. So erinnern sie uns daran, dass Gemeinschaft vor allem »auf den Knien« entsteht, im Gebet und in einem andauernden Bemühen um Umkehr. Nur in dieser Spannung nämlich kann jeder in sich die Stimme des Geistes hören, der ruft: »Abba! Vater!« (Gal 4,6), und infolgedessen die anderen als Brüder und Schwestern hören und verstehen.

Auch das Evangelium bestätigt diese Botschaft (vgl. Joh 14,23-29), wenn es uns sagt, dass wir bei unseren Entscheidungen im Leben nicht allein sind. Der Heilige Geist unterstützt uns und zeigt uns den Weg, den wir gehen sollen, indem er uns alles »lehrt« und an alles »erinnert«, was Jesus uns gesagt hat (vgl. Joh 14,26).

Zunächst lehrt uns der Heilige Geist die Worte des Herrn, indem er sie tief in uns einprägt, gemäß dem biblischen Bild vom Gesetz, das nicht mehr auf Steintafeln, sondern in unsere Herzen geschrieben ist (vgl. Jer 31,33); das ist ein Geschenk, das uns hilft, zu wachsen, bis wir füreinander zu einem »Brief Christi« (2 Kor 3,3) werden. Und genau so ist es: Wir können das Evangelium umso besser verkünden, je mehr wir uns davon gewinnen und verwandeln lassen, indem wir der Kraft des Heiligen Geistes erlauben, uns innerlich zu reinigen, unsere Worte einfach, unsere Wünsche ehrlich und klar und unsere Taten großzügig zu machen.

Und hier kommt das andere Verb ins Spiel: »sich erinnern«, also die Aufmerksamkeit des Herzens wieder auf das zu richten, was wir erlebt und gelernt haben, um dessen Bedeutung tiefer zu durchdringen und dessen Schönheit zu verkosten.

Ich denke dabei an den anspruchsvollen Weg, den die Diözese Rom in diesen Jahren geht und der auf verschiedenen Ebenen des Zuhörens stattfindet: gegenüber der Welt um uns herum, um ihre Herausforderungen anzunehmen, und innerhalb der Gemeinschaften, um die Bedürfnisse zu erkennen sowie kluge und prophetische Initiativen der Evangelisierung und Nächstenliebe zu fördern. Es ist ein schwieriger Weg, der noch nicht abgeschlossen ist und das Ziel hat, eine sehr reichhaltige, aber auch sehr komplexe Wirklichkeit zu erfassen. Er ist jedoch der Geschichte dieser Kirche würdig, die so viele Male bewiesen hat, dass sie »groß denken« kann, indem sie sich vorbehaltlos für mutige Projekte einsetzt und sich auch neuen und anspruchsvollen Herausforderungen stellt.

Ein Zeichen dafür ist der große Einsatz für das Heilige Jahr, den die ganze Diözese gerade in diesen Tagen zeigt, indem sie Pilger aufnimmt und betreut und unzählige andere Initiativen organisiert. Dank dieser Bemühungen wirkt die Stadt auf diejenigen, die manchmal von weit her kommen, wie ein großes, offenes und einladendes Zuhause und vor allem wie ein heimatlicher Ort des Glaubens.

Von meiner Seite aus wünsche ich mir und verspreche ich, mich in dieses umfangreiche Unterfangen einzubringen und, soweit es mir möglich ist, allen zuzuhören, damit wir gemeinsam lernen, verstehen und entscheiden können: »Mit euch bin ich Christ und für euch bin ich Bischof«,[33] wie der heilige

Augustinus sagte. Ich bitte euch, mir dabei mit eurem Gebet und eurer Liebe zu helfen, eingedenk der Worte des heiligen Leo des Großen: »Alles Gute, das wir in unserem Dienst vollbringen, ist das Werk Christi; nicht unseres, denn ohne ihn können wir nichts tun; sondern wir rühmen uns seiner, von dem alle Wirksamkeit unseres Handelns kommt.«[34]

Abschließend möchte ich diesen Worten noch die Worte des seligen Johannes Paul I. hinzufügen, der am 23. September 1978 mit jenem strahlenden und heiteren Gesicht, das ihm bereits den Beinamen »Der lächelnde Papst« eingebracht hatte, seine neue diözesane Familie wie folgt begrüßte: »Der heilige Pius X. [hat], als er Patriarch von Venedig wurde, im Markusdom ausgerufen: ›Was hättet ihr von mir, Venezianer, wenn ich euch nicht liebte?‹ Ich möchte Ähnliches sagen: Ich kann euch versichern, dass ich euch liebe, dass ich nur einen Wunsch habe, euch zu dienen und meine bescheidenen Kräfte, das Wenige, was ich habe und bin, in den Dienst aller zu stellen.«[35]

Auch ich drücke euch meine ganze Zuneigung aus, mit dem Wunsch, auf unserem gemeinsamen Weg Freuden und Leiden, Mühen und Hoffnungen mit euch zu teilen. Auch ich biete euch »das Wenige, das ich habe und bin«, an und vertraue es der Fürsprache der Heiligen Petrus und Paulus und der vielen anderen Brüder und Schwestern an, deren Heiligkeit die Geschichte dieser Kirche und die Wege dieser Stadt erleuchtet hat. Die Jungfrau Maria begleite uns und bitte für uns.

Die Worte des Papstes zur Segnung der Stadt Rom am Ende der Eucharistiefeier:

Friede sei mit euch!

Liebe Brüder und Schwestern, liebe Gemeinde von Rom, es ist mir eine große Freude, heute Abend hier bei euch zu sein, bei diesem liturgischen Akt, mit dem wir meine Amtseinführung als euer neuer Bischof von Rom gefeiert haben. Ich danke euch allen!

Lasst uns unseren Glauben leben, besonders in diesem Jubiläumsjahr, auf der Suche nach Hoffnung; aber lasst uns selbst Zeugen sein, die der Welt Hoffnung geben. Eine Welt, die aufgrund von Kriegen, Gewalt und Armut viel Leid erfährt! Aber der Herr bittet uns als Christen, immer diese lebendigen Zeugen zu sein. Unseren Glauben zu leben, in unserem Herzen zu spüren, dass Jesus Christus gegenwärtig ist, und zu wissen, dass er uns auf unserem Weg immer begleitet.

Danke, dass ihr mit mir geht! Lasst uns alle gemeinsam gehen! Ihr könnt immer auf mich zählen, ich gehe als Christ mit euch und bin als Bischof für euch da. Ich danke euch allen!

Befreien, nicht besitzen

Predigt zur Heiligen Messe mit Priesterweihen
Petersdom
Fest der Heimsuchung der seligen Jungfrau Maria
Samstag, 31. Mai 2025

Heute ist ein Tag großer Freude für die Kirche und für einen jeden von euch, die Weihekandidaten, gemeinsam mit den Familienangehörigen, Freunden und Weggefährten aus den Jahren der Ausbildung. Wie der Weiheritus an mehreren Stellen hervorhebt, besteht eine grundlegende Beziehung zwischen dem, was wir heute feiern, und dem Volk Gottes. Die Tiefe, der Umfang und sogar die Dauer der göttlichen Freude, die wir jetzt teilen, stehen in direktem Verhältnis zu den Bindungen, die zwischen euch und dem Volk bestehen und wachsen werden, dem Volk, aus dem ihr kommt, dessen Teil ihr bleibt und zu dem ihr gesandt seid. Ich möchte diesen Aspekt eingehender betrachten und dabei immer im Auge behalten, dass die Identität des Priesters von der Einheit mit Christus, dem ewigen Hohenpriester, abhängt.

Wir sind das Volk Gottes. Das Zweite Vatikanische Konzil hat dieses Bewusstsein verlebendigt, gleichsam eine Zeit vorwegnehmend, in der das Zugehörigkeitsgefühl schwächer und der Sinn für Gott seltener wird. Ihr seid Zeugen für die Tatsache, dass Gott nicht müde geworden ist, seine Kinder in ihrer Verschiedenheit zu versammeln und aus ihnen eine dynamische Einheit zu bilden. Das ist kein ungestümes Vorgehen, sondern es handelt sich um jenes sanfte, leise Säuseln, das dem Propheten Elija in der Stunde der Mutlosigkeit neue Hoffnung schenkte (vgl. 1 Kön 19,12). Die Freude Gottes ist nicht laut, aber sie verändert wirklich die Geschichte und bringt uns einander näher. Das Geheimnis der Heimsuchung Marias, das die Kirche am letzten Tag des Maimonats feiert, ist ein Bild dafür. Wir sehen, wie aus der Begegnung zwischen der Jungfrau Maria und ihrer Cousine Elisabet das *Magnifikat* entsteht, das Lied eines von der Gnade besuchten Volkes.

Die eben vorgetragenen Lesungen helfen uns bei der Deutung dessen, was jetzt auch unter uns geschieht. Vor allem erscheint Jesus im Evangelium nicht als jemand, der von seinem bevorstehenden Tod oder von der Enttäuschung über zerrissene oder unvollendet gebliebene Beziehungen erdrückt wird. Im Gegenteil, der Heilige Geist intensiviert diese bedrohten Beziehungen. Im Gebet werden sie stärker als der Tod. Jesus denkt nicht an sein persönliches Schicksal, sondern legt vielmehr die hier auf der Erde aufgebauten Beziehungen in die Hände des Vaters. Und wir sind ein Teil davon! Denn das Evangelium ist bis zu uns gekommen durch

Beziehungen, welche die Welt zwar zermürben, aber nicht zerstören kann.

Liebe Weihekandidaten, versteht euch selbst nach der Art und Weise Jesu, ahmt ihn nach! Gott zu gehören als Diener Gottes, Volk Gottes, das erdet uns: Es verbindet uns nicht mit einer idealen, sondern mit der realen Welt. Wie Jesus sind es Menschen aus Fleisch und Blut, die der Vater auf euren Weg stellt. Ihnen weiht ihr euch, ohne euch von ihnen zu trennen, ohne euch zu isolieren, ohne aus der empfangenen Gabe eine Art Privileg zu machen. Papst Franziskus hat uns so oft davor gewarnt, weil die Selbstbezogenheit das Feuer des missionarischen Geistes auslöscht.

Die Kirche ist von ihrem Wesen her extrovertiert, wie das Leben, das Leiden, der Tod und die Auferstehung Jesu extrovertiert sind. In jeder Eucharistiefeier werdet ihr euch seine Worte zu eigen machen: »für euch und für alle«. Niemand hat je Gott gesehen. Er hat sich uns zugewandt, ist aus sich herausgegangen. Der Sohn ist Exegese, lebendige Erzählung dieser Tatsache geworden. Und er hat uns die Macht gegeben, Kinder Gottes zu werden. Sucht, suchen wir keine andere Macht!

Die Geste der Handauflegung, mit der Jesus die Kinder empfangen und Kranke geheilt hat, erneuere in euch die befreiende Macht seines messianischen Wirkens. In der Apostelgeschichte bedeutet diese Geste, die wir gleich wiederholen werden, die Weitergabe des Schöpfergeistes. So bringt das Reich Gottes nun eure persönlichen und mit der Bereitschaft, aus sich selbst herauszugehen, verbundenen Freiheiten in Beziehung zur Gemeinschaft, indem eure Intelligenz und eure jungen Kräfte in die Sendung des Gnadenjahrs des Herrn eingefügt werden, die Jesus seiner Kirche übertragen hat.

In seinem Gruß an die Ältesten der Gemeinde von Ephesus, von dem wir in der ersten Lesung einige Ausschnitte gehört haben, gibt Paulus ihnen das Geheimnis jeder Sendung weiter: »Der Heilige Geist hat euch zu Hütern bestellt [*nach der ital. Übersetzung*].« (Apg 20,28) Nicht Herren, sondern Hüter. Es ist die Sendung Jesu. Er ist der Auferstandene, also ist er lebendig und geht uns voraus. Niemand von uns ist berufen, ihn zu ersetzen. Am Tag der Himmelfahrt erzieht er uns zu seiner unsichtbaren Gegenwart. Er vertraut uns, lässt uns Raum. Und er ging sogar so weit zu sagen: »Es ist gut für euch, dass ich fortgehe.« (Joh 16,7) Auch wir Bischöfe, liebe Weihekandidaten, lassen euch Raum, während wir euch heute in diese Sendung einbeziehen. Und ihr gebt den Gläubigen und allen Geschöpfen Raum, denen der Auferstandene nahe ist und in denen er uns gerne besucht und zum Staunen bringt. Das Volk Gottes ist zahlreicher, als wir es sehen. Legen wir keine Grenzen fest.

Ich möchte ein weiteres Wort hervorheben, ein Wort des heiligen Paulus aus seiner bewegenden Abschiedsrede. In Wirklichkeit geht dieses Wort allen anderen voraus. Er kann sagen: »Ihr wisst, wie ich mich die ganze Zeit euch gegenüber verhalten habe [*nach der ital. Übersetzung*].« (Apg 20,18) Prägen wir uns dieses Wort gut in Herz und Gedächtnis ein! »Ihr wisst, wie ich mich verhalten habe«: die Transparenz des Lebens. Leben, das man kennt, Leben, das man verstehen kann,

Leben, das glaubhaft ist! Wir sind im Volk, damit wir vor ihm sein können mit einem glaubwürdigen Zeugnis.

Dann werden wir gemeinsam die Glaubwürdigkeit einer verwundeten Kirche wiederherstellen, die zu einer verwundeten Menschheit in einer verwundeten Schöpfung gesandt ist. Wir sind noch nicht vollkommen, aber es ist notwendig, glaubwürdig zu sein.

Der auferstandene Jesus zeigt uns seine Wunden, und er vergibt uns und sendet uns aus, obwohl diese Wunden Zeichen der Zurückweisung vonseiten der Menschheit sind. Vergessen wir das nicht! Er haucht auch uns heute an (vgl. Joh 20,22) und macht uns zu Dienern der Hoffnung. »Also kennen wir von jetzt an niemanden mehr dem Fleische nach« (2 Kor 5,16), auf rein menschliche Weise: Was in unseren Augen zerbrochen und verloren wirkt, erscheint uns nun im Zeichen der Versöhnung.

»Denn die Liebe Christ hat von uns Besitz ergriffen«, liebe Brüder und Schwestern! Es ist ein Besitz, der befreit und uns dazu befähigt, niemanden zu besitzen. Befreien, nicht besitzen. Wir gehören Gott: Es gibt keinen größeren Reichtum, der geschätzt und geteilt werden soll. Es ist der einzige Reichtum, der sich vervielfacht, wenn man ihn teilt. Wir wollen ihn gemeinsam in die Welt bringen, die Gott so sehr geliebt hat, dass er seinen einzigen Sohn hingab (vgl. Joh 3,16).

So ist das Leben, das diese Brüder, die gleich zu Priestern geweiht werden, hingeschenkt haben, ein ganz und gar sinnerfülltes Leben. Wir danken ihnen und wir danken Gott, der sie zum Dienst an einem ganz priesterlichen Volk berufen hat. Denn gemeinsam vereinen wir Himmel und Erde. In Maria, Mutter der Kirche, erstrahlt dieses allgemeine Priestertum, das die Niedrigen erhöht, die Generationen verbindet, das uns seliggepriesen sein lässt (vgl. Lk 1,48.52). Sie, die Muttergottes vom Vertrauen und Mutter der Hoffnung, möge für uns Fürsprache halten.

Wir sind eins in unserem Erlöser

Predigt während der Jubiläumsmesse für Familien, Kinder, Großeltern und ältere Menschen
Petersplatz
Sonntag, 1. Juni 2025

Das soeben verkündete Evangelium stellt uns Jesus vor Augen, der beim letzten Abendmahl für uns betet (vgl. Joh 17,20): Das menschgewordene Wort Gottes, dem Ende seines irdischen Lebens nahe, denkt an uns, seine Brüder und Schwestern, und wird in der Kraft des Heiligen Geistes selbst zum Segen, zur Fürbitte und zum Lobpreis für den Vater. Und auch wir werden beim staunenden und vertrauensvollen Einstimmen in das Gebet Jesu von seiner Liebe in einen großen Plan miteinbezogen, der die ganze Menschheit betrifft.

Christus bittet nämlich darum, dass wir alle »eins sind« (ebd. V. 22). Es handelt sich um das höchste Gut, das man sich nur wünschen kann, da diese allumfassende Einheit unter den Geschöpfen die ewige Gemeinschaft der Liebe verwirklicht, in der man Gott selbst erkennt, als Vater, der das

Leben schenkt, als Sohn, der es empfängt, und als Heiliger Geist, der das Leben mitteilt.

Der Herr will nicht, dass wir uns, um uns zu vereinen, zu einer verschwommenen Masse, zu einem anonymen Gebilde zusammentun, sondern er möchte, dass wir eins sind: »Wie du, Vater, in mir bist und ich in dir bin, sollen auch sie in uns sein.« (V. 21) Die Einheit, um die Jesus betet, ist also eine Gemeinschaft, die auf eben jener Liebe gegründet ist, mit der Gott liebt und aus der das Leben und das Heil in die Welt kommen. Und als solche ist sie in erster Linie ein Geschenk, das Jesus uns bringt. Aus seinem menschlichen Herzen heraus wendet sich der Sohn Gottes an den Vater, indem er sagt: »Ich in ihnen und du in mir. So sollen sie vollendet sein in der Einheit, damit die Welt erkennt, dass du mich gesandt hast und sie ebenso geliebt hast, wie du mich geliebt hast.« (V. 23)

Voller Bewunderung nehmen wir diese Worte auf: Jesus offenbart uns, dass Gott uns so liebt, wie er sich selbst liebt. Der Vater liebt uns nicht weniger als seinen eingeborenen Sohn, also unendlich. Gott liebt nicht weniger, weil er zuerst liebt, weil er als Erster liebt! Christus selbst bezeugt dies, wenn er zum Vater sagt: »weil du mich schon geliebt hast vor Grundlegung der Welt.« (V. 24) Und genau so ist es: In seiner Barmherzigkeit möchte Gott seit jeher alle Menschen an sich ziehen, und es ist sein Leben, das er in Christus für uns hingegeben hat, das uns eins werden lässt, das uns miteinander verbindet.

Dieses Evangelium heute, bei der Heilig-Jahr-Feier der Familien und Kinder, der Großeltern und älteren Menschen, zu hören, erfüllt uns mit Freude.

Meine Lieben, wir haben das Leben geschenkt bekommen, bevor wir danach verlangten. Papst Franziskus sagte: »Alle Menschen sind Söhne und Töchter, doch niemand von uns hat die Entscheidung getroffen, auf die Welt zu kommen.«[36] Und nicht nur das. Sobald wir geboren wurden, waren wir, um leben zu können, auf andere angewiesen, allein hätten wir es nicht geschafft: Es war jemand anderes, der uns gerettet hat, indem er sich unser angenommen hat, unseres Körpers wie unseres Geistes. Wir alle leben also dank einer Beziehung, das heißt einer freien und befreienden Bindung der Menschlichkeit und der gegenseitigen Fürsorge.

Es ist wahr, dass diese Menschlichkeit manchmal verraten wird. Jedes Mal, zum Beispiel, wenn man sich auf die Freiheit beruft, nicht um Leben zu schenken, sondern um es zu nehmen, nicht um zu helfen, sondern um zu verletzen. Doch auch angesichts des Bösen, das zu Gegnern macht und tötet, betet Jesus weiterhin für uns zum Vater, und sein Gebet wirkt wie Balsam auf unseren Wunden, indem es für alle zu einer Botschaft von Vergebung und Versöhnung wird. Dieses Gebet des Herrn verleiht den glücklichen Momenten, in denen wir uns als Eltern, Großeltern, Söhne und Töchter lieben, ihren vollen Sinn. Und eben das möchten wir der Welt verkünden: Wir sind hier, um »eins« zu sein, wie der Herr es möchte, in unseren Familien und dort, wo wir leben, arbeiten und studieren: verschieden und doch eins, viele und doch eins, immer, in jeder Lebenslage und in jedem Lebensalter.

Meine Lieben, wenn wir uns so lieben, gegründet auf Christus, der »das Alpha und das Omega«, »der Anfang und das Ende« (vgl. Offb 22,13) ist, werden wir für alle in der Gesellschaft und in der Welt zu einem Zeichen des Friedens. Und vergessen wir nicht: Aus den Familien heraus entsteht die Zukunft der Völker.

In den letzten Jahrzehnten haben wir ein Zeichen erhalten, das uns mit Freude erfüllt und zugleich zum Nachdenken anregt: Ich meine damit die Ehepaare, die selig- und heiliggesprochen wurden, und zwar nicht getrennt, sondern gemeinsam, als Ehepaare. Ich denke etwa an Louis und Zélie Martin, die Eltern der heiligen Theresia vom Kinde Jesus. Ich möchte auch an die seligen Luigi und Maria Beltrame Quattrocchi erinnern, die als Familie im letzten Jahrhundert hier in Rom lebten. Und vergessen wir nicht die polnische Familie Ulma: Eltern und Kinder, vereint in der Liebe und im Martyrium.

Ich sagte, dass dies ein Zeichen ist, das zum Nachdenken anregt. Ja, indem uns die Kirche diese Ehepaare als vorbildliche Zeugen vor Augen stellt, sagt sie uns, dass die Welt von heute den Bund der Ehe braucht, um die Liebe Gottes zu erkennen und anzunehmen und um mit seiner einigenden und versöhnenden Kraft jene Mächte zu überwinden, die Beziehungen und Gesellschaften zersetzen.

Deshalb sage ich mit einem Herzen voller Dankbarkeit und Hoffnung zu euch Eheleuten: Die Ehe ist kein Ideal, sondern der Maßstab für die wahre Liebe zwischen Mann und Frau: einer Liebe, die ungeteilt, treu und fruchtbar ist.[37] Diese Liebe lässt euch ein Fleisch werden und befähigt euch, nach dem Bild Gottes Leben zu schenken.

Deshalb ermutige ich euch, für eure Kinder kohärente Vorbilder zu sein, indem ihr euch so verhaltet, wie ihr wollt, dass sie sich verhalten, indem ihr sie zur Freiheit durch Gehorsam erzieht und indem ihr stets das Gute in ihnen sucht wie auch nach Möglichkeiten, es zu fördern. Und ihr, Kinder, seid euren Eltern dankbar: »Danke« zu sagen für das Geschenk des Lebens und für alles, was uns damit jeden Tag geschenkt wird, ist die erste Weise, um Vater und Mutter zu ehren (vgl. Ex 20,12). Schließlich bitte ich euch, liebe Großeltern und ältere Menschen, mit Weisheit und Mitgefühl, mit der Demut und der Geduld, welche die Jahre lehren, über diejenigen zu wachen, die ihr liebt.

In der Familie wird der Glaube zusammen mit dem Leben von Generation zu Generation weitergegeben: Er wird wie das Essen am Tisch und die Zuneigung des Herzens geteilt. Das macht die Familie zu einem besonderen Ort der Begegnung mit Jesus, der uns liebt und immer unser Wohl im Sinn hat.

Und ich möchte noch eines hinzufügen: Das Gebet des Sohnes Gottes, das uns auf unserem Weg Hoffnung schenkt, erinnert uns auch daran, dass wir eines Tages alle *uno unum* sein werden:[38] eins in dem einzigen Erlöser, umfangen von der ewigen Liebe Gottes. Nicht nur wir, sondern auch die Papas und Mamas, die Großmütter und Großväter, die Brüder, die Schwestern und die Kinder, die uns bereits in sein ewiges österliches Licht vorausgegangen sind und deren Gegenwart wir hier bei dieser Feier spüren.

Inkarnation und Katholizität

Ansprache an die Superioren und Mitarbeitenden des Staatssekretariats
Sala Clementina
Donnerstag, 5. Juni 2025

Ich freue mich sehr, mit euch zusammenzutreffen, die ihr der Kirche einen wertvollen Dienst leistet, indem ihr mir helft, die mir anvertraute Sendung umzusetzen. Denn wie es in *Praedicate Evangelium* heißt, hilft das Staatssekretariat als päpstliches Sekretariat dem Papst unmittelbar bei der Ausübung seines höchsten Amtes.[39]

Es ist mir ein Trost, zu wissen, nicht allein zu sein, sondern die Verantwortung meines universalen Dienstes mit euch teilen zu können.

Das steht nicht im Text, aber ich sage ganz ehrlich, dass es in diesen wenigen Wochen – noch sind wir nicht bei einem Monat meines Dienstes im Petrusamt angelangt – offensichtlich ist, dass der Papst nicht allein vorgehen kann und dass es notwendig ist, dass es sehr nötig ist, auf die Mitarbeit vieler beim Heiligen Stuhl zählen zu können, aber in besonderer Weise auf euch alle aus dem Staatssekretariat. Und ich danke euch von Herzen.

Die Geschichte dieser Institution reicht, wie wir wissen, bis in das Ende des 15. Jahrhunderts zurück. Mit der Zeit hat sie eine immer universalere Physiognomie angenommen und sich wesentlich entwickelt, stetig wachsend durch die Übernahme weiterer Aufgaben aufgrund der neuen Anforderungen sowohl im kirchlichen Bereich als auch in den Beziehungen mit den Staaten und internationalen Organisationen. Aktuell sind fast die Hälfte von euch Laien. Und es gibt über fünfzig Frauen, sowohl Laiinnen als auch Ordensfrauen.

Diese Entwicklung hat dazu geführt, dass das Staatssekretariat heute das Antlitz der Kirche widerspiegelt. Es handelt sich um eine große Gemeinschaft, die an der Seite des Papstes arbeitet: Gemeinsam teilen wir die Fragen, Schwierigkeiten, Herausforderungen und Hoffnungen des Volkes Gottes in der ganzen Welt. Wenn wir dies tun, bringen wir immer zwei wesentliche Aspekte zum Ausdruck: Inkarnation und Katholizität.

Wir sind inkarniert in der Zeit und in der Geschichte, denn so wie Gott den Weg des Menschlichen und der Sprachen der Menschen gewählt hat, ist auch die Kirche aufgerufen, diesem Weg zu folgen, damit die Freude des Evangeliums alle erreichen und in den aktuellen Kulturen und Ausdrucksweisen vermittelt werden kann. Und zugleich bemühen wir uns immer um eine katholische, universale Sichtweise, die es uns erlaubt, die unterschiedlichen Kulturen und Mentalitäten wertzuschätzen. So können wir die zentrale Antriebskraft sein, die sich dafür einsetzt, Gemeinschaft herzustellen zwischen der Kirche von Rom und den Ortskirchen sowie freundschaftliche Beziehungen in der internationalen Gemeinschaft zu knüpfen.

In den letzten Jahrzehnten sind diese beiden Aspekte – in der Zeit inkarniert zu sein und eine universale Sicht zu haben – immer wichtiger für die Arbeit der Kurie geworden. Diesen Weg hat uns die Kurienreform gewiesen, die der heilige Paul VI. durchgeführt hat. Inspiriert von der Sicht des Zweiten Vatikanischen Konzils, hat er die dringende Notwendigkeit gespürt, dass die Kirche – in Anbetracht der »Schnelllebigkeit der heutigen Zeit« und der »veränderten aktuellen Situation«[40] – den Herausforderungen der Zeit große Aufmerksamkeit widmen muss. Zugleich hat er die Notwendigkeit eines Dienstes unterstrichen, der die Katholizität der Kirche zum Ausdruck bringt, und hat daher festgelegt, dass »diejenigen, die am Apostolischen Stuhl präsent sind, um ihn zu leiten, aus allen Teilen der Welt berufen werden sollen«.[41]

Die Inkarnation verweist uns also auf die konkrete Realität und auf spezifische Einzelthemen, die von den verschiedenen Einrichtungen der Kurie behandelt werden. Die auf das Geheimnis der vielfältigen Einheit der Kirche verweisende Universalität dagegen erfordert eine Arbeit der Synthese, die eine Hilfe sein soll für das Handeln des Papstes. Und genau dieses Glied der Verbindung und Synthese ist das Staatssekretariat. In der Tat wollte Paul VI., der ein großer Experte der Römischen Kurie war, diesem Büro eine neue Aufstellung geben, indem er es als Bindeglied einrichtete und so seine grundlegende Rolle als Koordinierungsstelle der Dikasterien und Institutionen des Apostolischen Stuhls festlegte.

Diese Koordinierungsfunktion des Staatssekretariats wird in der vor Kurzem veröffentlichten Apostolischen Konstitution *Praedicate Evangelium* aufgegriffen, als eine von vielen Aufgaben der Sektion für die allgemeinen Angelegenheiten unter der Leitung des Substituten, dem der Assessor zur Seite steht.[42] Neben der Sektion für die allgemeinen Angelegenheiten erwähnt die Konstitution die Sektion für die Beziehungen zu den Staaten und internationalen Organisationen unter der Leitung eines eigenen Sekretärs, der von zwei Untersekretären unterstützt wird; ihr kommt die Pflege der diplomatischen und politischen Beziehungen des Apostolischen Stuhls zu den Staaten und anderen Völkerrechtssubjekten in dieser heiklen Wendezeit der Geschichte zu. Die Sektion für das diplomatische Personal des Heiligen Stuhls unter der Leitung des Sekretärs und des Untersekretärs ist dagegen mit der Sorge für die Päpstlichen Vertretungen und die Mitglieder des Diplomatischen Korps hier in Rom und in der ganzen Welt befasst.

Ich weiß, dass diese Aufgaben sehr anspruchsvoll sind und zuweilen auch nicht gut verstanden werden. Daher möchte ich euch meine Nähe und vor allem meine tiefe Dankbarkeit zum Ausdruck bringen. Danke für die Kompetenzen, die ihr der Kirche zur Verfügung stellt, für eure fast immer im Verborgenen geschehende Arbeit und für den Geist des Evangeliums, der sie inspiriert. Und erlaubt mir gerade aufgrund dieser meiner Wertschätzung eine Ermahnung an euch zu richten, bei der ich mich wiederum auf den heiligen Paul VI. beziehe: Dieser Ort soll nicht von Ehrgeiz und Rivalitäten vergiftet werden. Seid vielmehr eine echte Gemeinschaft des Glaubens und der Liebe, »Brüder und Kinder des Papstes«, die sich großherzig hingeben für das Wohl der Kirche.[43]

Ich vertraue euch alle der Fürsprache der seligen Jungfrau Maria, Mutter der Kirche, an, und während ich euch danke, denn ich weiß, dass ihr jeden Tag für mich betet – das hoffe ich doch –, segne ich von Herzen einen jeden von euch, eure Angehörigen und eure Arbeit. Danke.

Gemeinsam unterwegs

Predigt zur Pfingstvigil
Petersplatz
Samstag, 7. Juni 2025

Der Schöpfergeist, den wir im Gesang angerufen haben – *Veni creator spiritus* –, ist der Geist, der auf Jesus herabgekommen ist, der stille Protagonist seiner Sendung: »Der Geist des Herrn ruht auf mir.« (Lk 4,18) Indem wir darum gebeten haben, er möge unsere Herzen besuchen, unsere Zungen reden machen, unsere Sinne erhellen, uns Liebe eingießen, den Leib stärken und Frieden schenken, haben wir uns dem Reich Gottes geöffnet. Das ist Bekehrung im Sinne des Evangeliums: dass wir uns dem Reich zuwenden, das nun nahe ist.

An Jesus sehen wir und von Jesus hören wir, dass sich alles verwandelt, weil Gott herrscht, weil Gott nahe ist. An diesem Vorabend des Pfingstfestes lassen wir uns von der Nähe Gottes ergreifen, von seinem Geist, der unsere Geschichten mit der Geschichte Jesu verbindet. Wir sind also hineingenommen in das Neue, das Gott schafft, damit sein Wille zum Leben sich erfülle und über den Willen zum Tode siegt.

»Er hat mich gesalbt. Er hat mich gesandt, damit ich den Armen eine frohe Botschaft bringe; damit ich den Gefangenen die Entlassung verkünde und den Blinden das Augenlicht; damit ich die Zerschlagenen in Freiheit setze und ein Gnadenjahr des Herrn ausrufe.« (Lk 4,18-19) Wir vernehmen hier den Duft des Chrisams, mit dem auch unsere Stirn bezeichnet wurde. Die Taufe und die Firmung, liebe Schwestern und Brüder, lassen uns teilhaben an der verwandelnden Sendung Jesu, am Reich Gottes. So wie uns die Liebe den Duft eines lieben Menschen vertraut macht, so erkennen wir heute Abend aneinander den Duft Christi. Das ist ein Geheimnis, das uns staunen und nachdenken lässt.

An Pfingsten wurden Maria, die Apostel, die Jüngerinnen und Jünger, die bei ihnen waren, von einem Geist der Einheit erfüllt, der ihre Unterschiede für immer in dem einen Herrn Jesus Christus verwurzelte. Nicht viele Sendungen, sondern eine einzige Sendung. Nicht in sich gekehrt und streitsüchtig, sondern nach außen gerichtet und strahlend. Dieser Petersplatz, der wie eine offene und einladende Umarmung ist, drückt wunderbar die Gemeinschaft der Kirche aus, die jeder von euch in den verschiedenen Vereinigungen und Gemeinschaften erfahren hat, von denen viele Früchte des Zweiten Vatikanischen Konzils sind.

Am Abend meiner Wahl, als ich bewegt auf das hier versammelte Volk Gottes blickte, habe ich an das Wort »Synodalität« erinnert, das gut zum Ausdruck bringt, auf welche Weise der Heilige Geist die Kirche formt. In diesem Wort erklingt das »*syn*« – das »*mit*« –, das das Geheimnis des Lebens Gottes darstellt. Gott ist nicht Einsamkeit. Gott ist in sich selbst »mit« – Vater, Sohn und Heiliger Geist –, und er ist der Gott mit uns. Gleichzeitig erinnert uns Synodalität an den Weg – *»odós«* –, denn wo der Geist ist, da ist Bewegung, da ist Weg. Wir sind ein Volk auf dem Weg. Dieses Bewusstsein entfernt uns nicht von der Menschheit, sondern taucht uns in sie ein, wie Hefe in den Teig, die ihn ganz durchsäuert. Das Gnadenjahr des Herrn, das im Heiligen Jahr zum Ausdruck kommt, trägt diesen Sauerteig in sich. In einer zerrissenen und friedlosen Welt lehrt uns der Heilige Geist, gemeinsam zu gehen. Die Erde wird ruhen, die Gerechtigkeit wird sich durchsetzen, die Armen werden jubeln, der Friede wird zurückkehren, wenn wir uns nicht mehr wie Raubtiere, sondern wie Pilger bewegen. Nicht mehr jeder für sich, sondern indem wir unsere Schritte den Schritten der anderen anpassen: nicht indem wir die Welt gierig verschlingen, sondern indem wir sie pflegen und bewahren, wie es uns die Enzyklika *Laudato si'* lehrt.[44]

Meine Lieben, Gott hat die Welt erschaffen, damit wir zusammen sind. »Synodalität« ist die kirchliche Bezeichnung für dieses Bewusstsein. Es ist der Weg, der von jedem verlangt, das zu erkennen, was man schuldet und womit man bereichern kann, und sich als Teil eines Ganzen zu fühlen, außerhalb dessen alles verwelkt, selbst die einzigartigsten Gaben. Schaut, die gesamte Schöpfung existiert nur in der Form des Miteinanders, das auch gefahrvoll sein kann, aber trotzdem immer ein Miteinander ist (vgl. *Laudato si'*, 16; 117). Und was wir »Geschichte« nennen, nimmt nur durch das

Zusammenkommen Gestalt an, durch das Zusammenleben, das oft voller Konflikte, aber doch immer Zusammenleben ist. Das Gegenteil ist tödlich, aber leider steht es uns jeden Tag vor Augen. Mögen eure Vereinigungen und Gemeinschaften also Übungsplätze der Geschwisterlichkeit und der Teilhabe sein, nicht nur, weil sie Orte der Begegnung, sondern weil sie Orte der Spiritualität sind. Der Geist Jesu verändert die Welt, weil er die Herzen verändert. Er weckt jene kontemplative Dimension des Lebens, die Selbstbehauptung, Murren, Streitsucht und den Herrschaftsanspruch über Gewissen und Ressourcen entkräftet. Der Herr ist der Geist, und wo der Geist des Herrn ist, da ist Freiheit (vgl. 2 Kor 3,17). Wahre Spiritualität verpflichtet daher zur ganzheitlichen Entwicklung des Menschen und verwirklicht unter uns das Wort Jesu. Wo dies geschieht, ist Freude. Freude und Hoffnung.

Die Evangelisierung, liebe Brüder und Schwestern, ist keine menschliche Bezwingung der Welt, sondern die unendliche Gnade, die sich vom Leben derer her ausbreitet, die sich vom Reich Gottes verwandeln ließen. Sie ist der Weg der Seligpreisungen, ein Weg, den wir gemeinsam gehen, in der Spannung zwischen dem »Schon« und dem »Noch nicht«, hungernd und dürstend nach Gerechtigkeit, arm im Geiste, barmherzig, sanftmütig, rein im Herzen, als Friedensstifter. Um Jesus auf diesem von ihm gewählten Weg zu folgen, braucht es keine mächtigen Unterstützer, keine weltlichen Kompromisse, keine emotionalen Strategien. Die Evangelisierung ist das Werk Gottes, und wenn sie manchmal durch uns Menschen geschieht, dann wegen der Verbindungen, die sie ermöglicht. Seid daher tief verbunden mit jeder einzelnen Teilkirche und jeder Pfarrgemeinde, wo ihr eure Charismen nährt und einsetzt. Um eure Bischöfe versammelt und im Zusammenwirken mit allen anderen Gliedern des Leibes Christi werden wir dann in harmonischem Einklang handeln. Die Herausforderungen, vor denen die Menschheit steht, werden weniger beängstigend sein, die Zukunft wird weniger düster sein, die Unterscheidung wird weniger schwierig sein: wenn wir gemeinsam dem Heiligen Geist gehorchen!

Maria, Königin der Apostel und Mutter der Kirche, möge unsere Fürsprecherin sein.

Der Geist öffnet Grenzen

Predigt zur Heiligen Messe am Hochfest Pfingsten,
Jubiläum der Bewegungen, Vereinigungen und
neuen Gemeinschaften
Petersplatz
Sonntag, 8. Juni 2025

»Ein freudiger Tag hat uns erleuchtet, [...] an dem der Herr Jesus Christus nach seiner Auferstehung verherrlicht durch seine Himmelfahrt den Heiligen Geist gesandt hat.«[45] Und auch heute wird wieder lebendig, was im Abendmahlssaal geschah: Wie ein heftiger Sturm, der uns erfasst, wie ein Brausen, das uns wachrüttelt, wie ein Feuer, das uns erleuchtet, kommt die Gabe des Heiligen Geistes auf uns herab (vgl. Apg 2,1-11).

Wie wir in der ersten Lesung gehört haben, bewirkt der Heilige Geist im Leben der Apostel etwas Außergewöhnliches. Nach dem Tod Jesu hatten sie sich in Angst und Trauer verschlossen, doch nun erhalten sie endlich einen neuen Blick und eine neue Einsicht des Herzens, die ihnen hilft, die geschehenen Ereignisse zu deuten und die Gegenwart des Auferstandenen in ihrem Inneren zu erfahren: Der Heilige Geist besiegt ihre Angst, bricht ihre inneren Fesseln auf, heilt ihre Wunden, salbt sie mit Kraft und schenkt ihnen den Mut, hinauszugehen, um allen Menschen Gottes Taten zu verkünden.

Der Abschnitt aus der Apostelgeschichte sagt uns, dass sich zu dieser Zeit in Jerusalem eine Menge Menschen unterschiedlicher Herkunft versammelt hatte, doch »jeder hörte sie in seiner Sprache reden« (V. 6). So öffnen sich zu Pfingsten *die Türen des Abendmahlssaals*, weil *der Heilige Geist die Grenzen öffnet*. Wie Benedikt XVI. sagt: »Der Heilige Geist verleiht ihnen die Gabe des Verstehens. Er überwindet den in Babel eingetreten Bruch – die Verwirrung der Herzen, die uns gegeneinander aufbringt – und öffnet die Grenzen. [...] Die Kirche muss immer wieder neu zu dem werden, was sie schon ist: Sie muss die Grenzen zwischen den Völkern öffnen und die Barrieren zwischen Klassen und Rassen niederreißen. In ihr darf es keinen geben, der vergessen oder verachtet wird. In der Kirche gibt es nur freie Brüder und Schwestern Jesu Christi.«[46]

Das ist ein ausdrucksstarkes Bild für Pfingsten, über das ich mit euch nachdenken möchte.

Der Heilige Geist öffnet vor allem die Grenzen in uns. Er ist die Gabe, die unser Leben für die Liebe öffnet. Und diese Gegenwart des Herrn löst unsere Verhärtungen, unsere Verschlossenheit, unseren Egoismus, unsere Ängste, die uns blockieren, unseren Narzissmus, der uns nur um uns selbst kreisen lässt. Der Heilige Geist kommt, um in uns das Risiko eines Lebens herauszufordern, das verkümmert und vom Individualismus aufgesogen wird. Es ist traurig, zu beobachten, wie wir in einer Welt, in der es immer mehr Möglichkeiten zur sozialen Begegnung gibt, paradoxerweise Gefahr laufen, einsamer zu werden – stets verbunden und doch unfähig, Netze zu knüpfen, immer umgeben von vielen Menschen und doch orientierungslos und einsam.

Der Geist Gottes hingegen lässt uns eine neue Sicht- und Lebensweise entdecken: Er öffnet uns für die Begegnung mit uns selbst jenseits der Masken, die wir tragen; er führt uns zur Begegnung mit dem Herrn, indem er uns lehrt, seine Freude zu erfahren; er überzeugt uns – gemäß den Worten Jesu, die wir gerade gehört haben –, dass wir nur dann die Kraft erhalten, sein Wort zu befolgen und dadurch verwandelt zu werden, wenn wir in der Liebe bleiben. Er öffnet die Grenzen in uns, damit unser Leben zu einem gastlichen Raum wird.

Der Geist öffnet zudem die Grenzen auch in unseren Beziehungen. Jesus sagt nämlich, dass diese Gabe die Liebe zwischen ihm und dem Vater ist, die in uns Wohnung nimmt. Und wenn die Liebe Gottes in uns wohnt, werden wir fähig, uns unseren Brüdern und Schwestern gegenüber zu öffnen, unsere Starrheit zu überwinden, die Angst vor dem Anderssein zu besiegen und die Leidenschaften, die in uns aufwallen, recht zu lenken. Der Geist verwandelt aber auch die verborgensten Gefahren, die unsere Beziehungen vergiften, wie Missverständnisse, Vorurteile und Instrumentalisierungen. Ich denke auch – mit großem Schmerz – an den Fall, wenn in einer Beziehung der Willen aufkommt, den anderen zu beherrschen, eine Haltung, die oft in Gewalt mündet, wie die zahlreichen Fälle von Femiziden in jüngster Zeit leider zeigen.

Der Heilige Geist hingegen lässt in uns die Früchte reifen, die uns helfen, echte und gute Beziehungen zu leben: »Liebe, Freude, Friede, Langmut, Freundlichkeit, Güte, Treue, Sanftmut und Enthaltsamkeit« (Gal 5,22). Auf diese Weise erweitert der Geist die Grenzen unserer Beziehungen zu anderen und öffnet uns für die Freude der Geschwisterlichkeit. Und das ist auch für die Kirche ein entscheidendes Kriterium: Wir sind nur dann wirklich die Kirche des Auferstandenen und Jünger von Pfingsten, wenn es unter uns keine Grenzen und Spaltungen gibt, wenn wir in der Kirche miteinander ins Gespräch kommen, uns gegenseitig annehmen und unsere Verschiedenheiten integrieren, wenn wir als Kirche zu einem Ort der Aufnahme und Gastlichkeit für alle werden.

Schließlich *öffnet der Geist auch die Grenzen zwischen den Völkern*. An Pfingsten sprechen die Apostel die Sprachen derer, denen sie begegnen, und das babylonische Gewirr wird endlich durch die vom Geist geschaffene Harmonie überwunden. Wenn der göttliche Hauch unsere Herzen vereint und uns im anderen das Antlitz eines Bruders erblicken lässt, werden Unterschiede nicht zu Anlass für Spaltung und Konflikt, sondern zu einem gemeinsamen Erbe, aus dem wir alle schöpfen können und das uns alle miteinander auf den Weg der Geschwisterlichkeit führt.

Der Geist durchbricht Grenzen und reißt Mauern der Gleichgültigkeit und des Hasses nieder, denn er »lehrt uns alles« und »erinnert uns an die Worte Jesu« (vgl. Joh 14,26);

und deshalb lehrt er uns zuerst das Gebot der Liebe, das der Herr in den Mittelpunkt und an den Anfang von allem gestellt hat, erinnert uns daran und prägt es unseren Herzen ein. Und wo Liebe ist, gibt es keinen Platz für Vorurteile, für Sicherheitsabstände, die uns von unseren Mitmenschen entfernen, für die Logik der Ausgrenzung, die wir leider auch in den politischen Nationalismen aufkommen sehen.

Gerade an Pfingsten stellte Papst Franziskus einmal fest: »Es gibt heute in der Welt viel Zwietracht, viel Spaltung. Wir sind alle miteinander verbunden, und doch erfahren wir uns als voneinander getrennt, betäubt von Gleichgültigkeit und niedergedrückt von Einsamkeit.«[47] Ein tragisches Zeichen dafür sind die Kriege, die unseren Planeten erschüttern. Lasst uns den Geist der Liebe und des Friedens anrufen, damit er Grenzen öffne, Mauern niederreiße, Hass auflöse und uns helfe, als Kinder des einen Vaters im Himmel zu leben.

Brüder und Schwestern, Pfingsten erneuert die Kirche und die Welt! Der kräftige Wind des Geistes komme über uns und in uns, er öffne die Grenzen des Herzens, schenke uns die Gnade der Begegnung mit Gott, erweitere den Horizont der Liebe und stärke unsere Bemühungen um den Aufbau einer Welt, in welcher der Friede herrscht.

Die allerseligste Jungfrau Maria, die Frau des Pfingstfestes, die vom Geist besuchte Jungfrau, Mutter voller Gnade, begleite uns und lege Fürsprache für uns ein.

Eine im Geiste immer fruchtbarere Kirche

Predigt während der Messe anlässlich des Jubiläums des Heiligen Stuhls

Petersdom

Heilige Jungfrau Maria, Mutter der Kirche

Montag, 9. Juni 2025

Heute wird uns die Freude und Gnade zuteil, am liturgischen Gedenktag Marias, der Mutter der Kirche, die Jubiläumsfeier des Heiligen Stuhls zu begehen. Dieses glückliche Zusammentreffen ist eine Quelle des Lichts und der inneren Inspiration im Heiligen Geist, der gestern, am Pfingstfest, auf das Volk Gottes herabkam. Und in diesem geistlichen Klima begehen wir heute einen besonderen Tag, zuerst mit der Meditation und jetzt am Tisch des Wortes und der Eucharistie.

Das Wort Gottes in dieser Messe lässt uns das Geheimnis der Kirche – und in ihr des Heiligen Stuhls – im Licht der beiden biblischen Bilder verstehen, die der Heilige Geist in der Apostelgeschichte (1,12-14) und im Johannesevangelium (19,25-34) beschrieben hat.

Beginnen wir mit dem grundlegenden Bild, dem Bericht über Jesu Tod. Johannes, der als Einziger der Zwölf auf dem Kalvarienberg zugegen war, sah und bezeugte, dass unter dem Kreuz, zusammen mit den anderen Frauen, die Mutter Jesu stand (V. 25). Und er hörte mit eigenen Ohren die letzten Worte des Herrn, darunter diese: »Frau, siehe, dein Sohn!«, und dann, an ihn gerichtet: »Siehe, deine Mutter!« (V. 26-27).

Die Mutterschaft Marias hat durch das Geheimnis des Kreuzes einen unvorstellbaren Sprung gemacht: Die Mutter Jesu wurde zur neuen Eva, weil der Sohn diese Verbindung zwischen ihr und seinem Erlösungstod herstellte, der Quelle neuen und ewigen Lebens für jeden Menschen, der in diese Welt kommt. Das Thema der *Fruchtbarkeit* ist in dieser Liturgie sehr präsent. Das Tagesgebet hat es sofort hervorgehoben, indem es uns den Vater bitten lässt, dass die Kirche, getragen von der Liebe Christi, »immer fruchtbarer werde im Geist«.[48]

Die Fruchtbarkeit der Kirche ist dieselbe wie die Fruchtbarkeit Marias, und sie verwirklicht sich im Leben ihrer Glieder in dem Maße, in dem sie »im Kleinen« nachempfinden, was die Mutter gelebt hat, das heißt, sie lieben gemäß der Liebe Jesu. Die gesamte Fruchtbarkeit der Kirche und des Heiligen Stuhls hängt vom Kreuz Christi ab. Andernfalls ist es nur Schein, wenn nicht Schlimmeres. Ein großer zeitgenössischer Theologe schrieb: »Ist sie [die Kirche] der Baum, der aus dem kleinen Senfkorn des Kreuzes hervorwuchs, so ist dieser Baum bestimmt, selber wieder Senfkörner zu tragen, Früchte also, die die Gestalt des Kreuzes wiederholen, weil sie sich ihm verdanken.«[49]

Im Tagesgebet haben wir auch darum gebetet, dass sich die Kirche »an der Heiligkeit ihrer Kinder erfreut«. Tatsächlich ist diese Fruchtbarkeit Marias und der Kirche untrennbar mit ihrer *Heiligkeit* verbunden, das heißt mit ihrer Gleichförmigkeit mit Christus. Der Heilige Stuhl ist heilig wie die Kirche in ihrem ursprünglichen Kern, in der Faser, aus der sie gewoben ist. So hütet der Apostolische Stuhl die Heiligkeit ihrer Wurzeln, während er selbst von ihnen behütet wird. Aber es ist nicht weniger wahr, dass er auch in der Heiligkeit eines jeden seiner Mitglieder lebt. Der beste Weg, dem Heiligen Stuhl zu dienen, besteht also in dem Bemühen, heilig zu sein – jeder von uns gemäß seinem jeweiligen Lebensstand und der ihm anvertrauten Aufgabe.

Ein Priester zum Beispiel, der wegen seines Dienstes persönlich ein schweres Kreuz zu tragen hat und dennoch jeden Tag ins Büro geht und versucht, seine Arbeit nach besten Kräften mit Liebe und Glauben zu tun. Dieser Priester hat Anteil an der Fruchtbarkeit der Kirche und trägt zu ihr bei. Und so ist es auch bei einem Familienvater oder einer Familienmutter, die zu Hause eine schwierige Situation erleben, wie etwa ein Kind, das Sorgen bereitet, oder ein kranker Elternteil: Wenn diese Eltern ihre Arbeit mit Engagement ausüben, dann sind dieser Mann und diese Frau fruchtbar durch die Fruchtbarkeit Marias und der Kirche.

Kommen wir nun zum zweiten Bild, das der heilige Lukas zu Beginn der Apostelgeschichte beschreibt und das die Mutter Jesu zusammen mit den Aposteln und Jüngern im Abendmahlssaal darstellt (1,12-14). Es zeigt uns die Mutterschaft

Marias in Bezug auf die entstehende Kirche, jene »archetypische« Mutterschaft, die in jeder Zeit und an jedem Ort von Bedeutung bleibt. Vor allem ist sie immer die Frucht des Ostergeheimnisses, der Gabe des gekreuzigten und auferstandenen Herrn.

Der Heilige Geist, der machtvoll auf die erste Gemeinde herabkommt, ist derselbe Geist, den Jesus mit seinem letzten Atemzug übergab (vgl. Joh 19,30). Dieses biblische Bild ist untrennbar mit dem ersten verbunden: Die Fruchtbarkeit der Kirche ist immer an die Gnade gebunden, die zusammen mit dem Blut und dem Wasser, den Symbolen der Sakramente, aus dem durchbohrten Herzen Jesu strömt (vgl. Joh 19,34).

Maria steht im Abendmahlssaal dank der mütterlichen Sendung, die sie am Fuße des Kreuzes erhalten hat, im Dienst der entstehenden Gemeinde: Sie ist die lebendige Erinnerung an Jesus und als solche sozusagen der Anziehungspol, der die Unterschiede harmonisiert und bewirkt, dass das Gebet der Jünger einmütig ist.

Die Apostel werden auch in diesem Text namentlich aufgeführt, und wie immer ist der erste Petrus (vgl. V. 13). Aber auch er, ja, gerade er, wird von Maria in seinem Amt unterstützt. In analoger Weise unterstützt die Mutter Kirche den Dienst der Nachfolger Petri mit dem marianischen Charisma. Der Heilige Stuhl lebt in ganz besonderer Weise die Kopräsenz der beiden Prinzipien, des marianischen und des petrinischen Prinzips. Und es ist das marianische Prinzip, das die *Fruchtbarkeit* und *Heiligkeit* des petrinischen Prinzips mit seiner *Mutterschaft*, einem Geschenk Christi und des Heiligen Geistes gewährleistet.

Meine Lieben, preisen wir Gott für sein Wort, das Licht, das unsere Wege erhellt, auch unser tägliches Leben im Dienst des Heiligen Stuhls. Und von diesem Wort erleuchtet, wiederholen wir unser Gebet: »Vater [...], schau hin auf [Christi] große Liebe, lass die Kirche zur Mutter vieler Kinder werden, an deren Heiligkeit sie sich freuen kann, und führe alle Völker in ihre Gemeinschaft.«[50] Amen.

Seid die Augen des Petrus

Ansprache an die Teilnehmenden des Jubiläums und der Versammlung der Päpstlichen Vertreter

Sala Clementina

Dienstag, 10. Juni 2025

Zunächst einmal vielen Dank, dass ihr gekommen seid und eine Reise auf euch genommen habt, die für viele von euch lang war. Vielen Dank! Ihr seid bereits als Menschenschar ein Abbild der katholischen Kirche, denn ein so universelles diplomatisches Korps wie das unsere gibt es in keinem anderen Land der Welt. Gleichzeitig glaube ich jedoch, dass man ebenso sagen kann, dass kein anderes Land der Welt ein so geeintes diplomatisches Korps hat, wie ihr das seid: Denn eure, unsere Verbundenheit ist nicht nur zweckbestimmt oder ein bloßer Wunschtraum; wir sind sowohl in Christus als auch in der Kirche vereint. Es ist erhellend, über die folgende Tatsache nachzudenken: Die Diplomatie des Heiligen Stuhls stellt durch ihr Personal ein Vorbild dar – sicherlich kein perfektes, aber ein sehr bedeutungsvolles – für die von ihr verkündete Botschaft: die der Geschwisterlichkeit unter den Menschen und des Friedens unter den Völkern.

Liebe Freunde, ich mache meine ersten Schritte in diesem geistlichen Amt, das der Herr mir anvertraut hat. Und ich empfinde euch gegenüber das Gleiche, was ich vor einigen Tagen dem Staatssekretariat anvertraut habe: nämlich meine Dankbarkeit gegenüber denen, die mich Tag für Tag bei der Ausübung meines Dienstes unterstützen. Diese Dankbarkeit ist umso größer, wenn ich daran denke – und direkt darauf eingehe, wenn ich bestimmte Themen anspreche –, dass eure Arbeit sehr oft meiner Arbeit vorausgeht! Ja, und das gilt in besonderer Weise für euch, denn wenn ich mit einer Situation konfrontiert werde, die beispielsweise die Kirche in einem bestimmten Land betrifft, kann ich mich auf die von euch und euren Mitarbeitern erstellten Unterlagen, Überlegungen und Zusammenfassungen stützen. Das Netzwerk der Päpstlichen Vertretungen ist stets aktiv und einsatzbereit. Das ist für mich ein Grund zu großer Wertschätzung und Dankbarkeit. Ich sage dies in Anbetracht eures Engagements und eurer Organisation, aber sogar noch mehr in Anbetracht der Motive, die euch leiten, des pastoralen Stils, der euch auszeichnen sollte, und des Glaubensgeistes, der uns inspiriert. Dank dieser Eigenschaften werde auch ich erleben können, was der heilige Paul VI. geschrieben hat: dass der Papst durch seine Vertreter, die in verschiedenen Nationen leben, am Leben seiner Söhne teilhaben kann und, indem er fast Teil davon wird, sich auf sicherere und schnellere Weise ihrer Bedürfnisse und gleichzeitig ihrer Bestrebungen bewusst wird.[51]

Und nun möchte ich ein biblisches Bild mit euch teilen, das mir in den Sinn kam, als ich über eure Mission im Zusammenhang mit meiner nachdachte. Zu Beginn der Apostelgeschichte (3,1-10) beschreibt die Erzählung von der Heilung des Gelähmten sehr gut das geistliche Amt des Petrus. Wir befinden uns am Anfang der Erfahrung des Christentums, und die erste Gemeinde, die sich um die Apostel versammelt hat, weiß, dass sie sich auf eine einzige Realität verlassen kann: den auferstandenen und lebendigen Jesus. Ein Gelähmter sitzt bettelnd vor dem Tor des Tempels. Es scheint das Bild einer Menschheit zu sein, die die Hoffnung verloren hat und resigniert ist. Auch heute noch begegnet die Kirche oftmals Männern und Frauen, die keine Freude mehr haben, die von der Gesellschaft an den Rand gedrängt wurden oder die das Leben in gewisser Weise dazu gezwungen hat, zu betteln, um sich ihre Existenz zu sichern. An dieser Stelle der Apostelgeschichte heißt es: »Petrus und Johannes blickten ihn an und Petrus sagte: ›Sieh uns an!‹ Da wandte er sich ihnen zu und erwartete, etwas von ihnen zu bekommen. Petrus aber sagte: ›Silber und Gold besitze ich nicht. Doch was ich habe, das gebe ich dir: Im Namen Jesu Christi, des Nazoräers, steh auf und geh umher!‹ Und er fasste ihn an der rechten Hand und richtete ihn auf. Sogleich kam Kraft in seine Füße und Gelenke; er sprang auf, konnte stehen und ging umher. Dann ging er mit ihnen in den Tempel, lief und sprang umher und lobte Gott.« (Apg 3,4-8)

Die Bitte, die Petrus an diesen Mann richtet – »Sieh uns an!« –, gibt uns zu denken. Einem Menschen in die Augen zu schauen, bedeutet, eine Beziehung aufzubauen. Die Aufgabe des Petrus ist es, Beziehungen und Brücken zu errichten, und ein Vertreter des Papstes soll vor allem als Einladung dienen, dem Gegenüber in die Augen zu schauen. Seid immer die Augen des Petrus! Seid Männer, die in der Lage sind, Beziehungen dort aufzubauen, wo es am schwierigsten ist. Behaltet dabei aber die gleiche Demut und den gleichen Realismus wie Petrus, der sich bewusst ist, dass er nicht für alles eine Lösung hat: »Silber und Gold besitze ich nicht«, sagt er; aber er weiß, dass er das hat, was zählt, nämlich Christus, den tiefsten Sinn jeder Existenz: »Im Namen Jesu Christi von Nazareth, steh auf und geh!« (Joh 5,8)

Christus zu geben, bedeutet, Liebe zu geben, Zeugnis abzulegen für die Nächstenliebe, die zu allem bereit ist. Ich zähle auf euch, damit in den Ländern, in denen ihr lebt, alle erfahren können, dass die Kirche aus Liebe immer zu allem bereit ist, dass sie immer auf der Seite der Geringsten, der Armen, steht und dass sie immer das heilige Recht verteidigen wird, an Gott zu glauben, zu glauben, dass dieses Leben nicht den Mächten dieser Welt ausgeliefert ist, sondern von einem geheimnisvollen Sinn durchdrungen ist. Nur die Liebe ist des Glaubens würdig angesichts des Leidens der Unschuldigen, der Gekreuzigten von heute, die viele von euch persönlich kennen, da ihr Völkern dient, die Opfer von Krieg, Gewalt und Ungerechtigkeit oder aber von trügerischem Wohlstand sind, der täuscht und enttäuscht.

Liebe Brüder, möge es euch stets ein Trost sein, zu wissen, dass euer Dienst *sub umbra Petri* steht, wie es auf dem Ring eingraviert ist, den ihr von mir als Geschenk erhalten werdet. Fühlt euch stets mit Petrus verbunden, von Petrus beschützt, von Petrus gesandt. Nur im Gehorsam und in wirksamer Einheit mit dem Papst kann euer geistliches Amt in Verbindung mit den Ortsbischöfen zur Erbauung der Kirche beitragen.

Habt immer einen segnenden Blick, denn das geistliche Amt des Petrus besteht darin, zu segnen, das heißt, immer das Gute zu sehen, auch das Verborgene, das in der Minderheit. Fühlt euch als Missionare, die vom Papst gesandt sind, um Werkzeuge der Gemeinschaft und Einheit zu sein, der Würde des Menschen zu dienen und überall aufrichtige und konstruktive Beziehungen zu den Behörden herzustellen, mit denen ihr zusammenarbeiten müsst. Möge eure Kompetenz immer von der unverrückbaren Entscheidung für Heiligkeit erleuchtet sein. Die Heiligen, die im diplomatischen Dienst des Heiligen Stuhls standen, wie der heilige Johannes XXIII. und der heilige Paul VI., sind uns ein Vorbild.

Liebe Freunde, eure Anwesenheit hier heute bekräftigt das Bewusstsein, dass es die Aufgabe des Petrus ist, im Glauben zu bestärken. Ihr seid die Ersten, die diese Bestätigung brauchen, um zu seinen Botschaftern zu werden, zu sichtbaren Zeichen in allen Teilen der Welt. Möge die Heilige Pforte, die wir gestern alle gemeinsam durchschritten haben, uns anspornen, mutige Zeugen Christi zu sein, der immer unsere Hoffnung ist. Ich danke euch.

Hoffen heißt verbinden

Jubiläumsaudienz
Petersdom
Samstag, 14. Juni 2025

Uns führt die Hoffnung zusammen, welche die Apostel von Anfang an weitergegeben haben. Die Apostel haben gesehen, wie sich in Jesus die Erde mit dem Himmel verband: Mit Augen, Ohren, Händen haben sie das Wort des Lebens aufgenommen. Das Jubiläum ist wie eine offene Tür zu diesem Geheimnis. Das Heilige Jahr verbindet Gottes Welt noch tiefer mit der unseren. Es lädt uns ein, ernst zu nehmen, was wir jeden Tag beten: »wie im Himmel so auf Erden«. Das ist unsere Hoffnung. Und das ist der Aspekt, den wir heute vertiefen wollen: Hoffen heißt »verbinden«.

Einer der größten christlichen Theologen, Bischof Irenäus von Lyon, soll uns helfen, zu erkennen, wie schön und aktuell diese Hoffnung ist. Irenäus wurde in Kleinasien geboren und wurde ausgebildet und geformt unter denjenigen, die die Apostel persönlich gekannt hatten. Dann kam er nach Europa, denn in Lyon hatte sich bereits eine Gemeinde von

Christen aus seiner Heimat gebildet. Wie gut tut es uns hier in Rom, in Europa daran zu denken! Das Evangelium wurde von außen auf diesen Kontinent gebracht. Und auch heute sind die Migrantengemeinschaften eine Präsenz, die den Glauben in den sie aufnehmenden Ländern beleben. Das Evangelium kommt von außen. Irenäus verbindet Ost und West. Schon das ist ein Zeichen der Hoffnung, weil es uns darauf hinweist, wie die Völker weiterhin einander bereichern.

Irenäus hat uns allerdings einen noch größeren Schatz zu geben. Die lehramtlichen Spaltungen, auf die er in der Christengemeinde stieß, die internen Konflikte und die Verfolgung von außen entmutigten ihn nicht. Im Gegenteil, in einer zerrissenen Welt lernte er, besser nachzudenken, indem er die Aufmerksamkeit immer tiefer Jesus zuwandte. Er besang seine Person, ja, sein Fleisch. Denn er erkannte, dass in Jesus das, was uns als Gegensatz erscheint, zu einer Einheit zusammengefügt wird. Jesus ist keine trennende Mauer, sondern eine Tür, die uns verbindet. Wir müssen in ihm bleiben und die Wirklichkeit von den Ideologien unterscheiden.

Liebe Brüder und Schwestern, auch heute können Ideen verrückt spielen, und Worte können töten. Das Fleisch hingegen ist das, woraus wir alle gemacht sind, und es ist das, was uns mit der Erde und mit den anderen Geschöpfen verbindet. Das Fleisch Jesu muss in jedem Bruder und in jeder Schwester, in jedem Geschöpf angenommen und betrachtet werden. Hören wir auf den Schrei des Fleisches, fühlen wir uns durch den Schmerz des anderen beim Namen gerufen. Das Gebot, das wir von Anfang an erhalten haben, ist das Gebot gegenseitiger Liebe. Noch vor jedem Gesetz ist es in unser Fleisch eingeschrieben.

Irenäus, Lehrmeister der Einheit, lehrt uns, nicht entgegenzusetzen, sondern zu verbinden. Intelligenz ist nicht dort, wo man trennt, sondern wo man verbindet. Unterscheiden ist hilfreich, Spalten aber niemals. Jesus ist das ewige Leben mitten unter uns: Er versammelt Gegensätze und macht Gemeinschaft möglich.

Wir sind Pilger der Hoffnung, weil es zwischen Personen, Völkern und Geschöpfen jemanden geben muss, der entschieden hat, sich in Richtung Gemeinschaft auf den Weg zu machen. Andere werden uns folgen. Wie Irenäus von Lyon im 2. Jahrhundert werden wir in allen unseren Städten wieder Brücken bauen, wo heute Mauern sind. Wir öffnen Türen, verbinden Welten, dann wird es Hoffnung geben.

Berufen, ein Licht der Hoffnung zu sein

Videobotschaft an die Jugendlichen aus Chicago und der ganzen Welt, die sich im Rate Field versammelt haben

Baseballstadion Rate Field, Chicago

Samstag, 14. Juni 2025

Es ist mir eine Freude, euch alle zu begrüßen, die ihr euch an diesem großartigen Festtag als Glaubensgemeinschaft der Erzdiözese Chicago im White Sox Park versammelt habt. Ein besonderer Gruß gilt Kardinal Cupich, den Weihbischöfen und all meinen Freunden, die heute hier zusammengekommen sind: am Fest der Allerheiligsten Dreifaltigkeit. Ich beginne damit, weil die Dreifaltigkeit ein Modell der Liebe Gottes zu uns ist. Denn Gott ist Vater, Sohn und Heiliger Geist. Drei Personen in einem Gott leben vereint in tiefer Liebe, in Gemeinschaft, und teilen diese Verbundenheit mit uns allen. Da ihr euch heute zu dieser großartigen Feier versammelt, möchte ich euch meine Dankbarkeit aussprechen und euch ermutigen, weiterhin Gemeinschaft und Freundschaft aufzubauen, als Brüder und Schwestern in euren täglichen Leben, in euren Familien, in euren Pfarreien, in der Erzdiözese und in unserer ganzen Welt.

Ich möchte ganz besonders alle Jugendlichen begrüßen – diejenigen, die heute hier zusammengekommen sind, und viele von euch, die diese Begrüßung vielleicht mit technischen Hilfsmitteln über das Internet verfolgen. Während ihr gemeinsam aufwachst, müsst ihr womöglich – wie es vor allem zur Zeit der Pandemie der Fall war – Phasen der Isolation oder anderer großer Schwierigkeiten in unserer heutigen Welt durchmachen, bisweilen sogar in euren Familien. Manchmal kann es sein, dass euer Lebensumfeld euch nicht die Chance geboten hat, den Glauben zu leben, ihn als Teil einer Glaubensgemeinschaft zu praktizieren, und ich möchte diese Gelegenheit nutzen, um jeden von euch einzuladen, in euer Herz zu schauen, zu erkennen, dass Gott gegenwärtig ist und dass Gott auf euch zukommt, eventuell sogar auf viele verschiedene Arten, dass er euch dazu aufruft, euch einlädt, seinen Sohn Jesus Christus kennenzulernen, durch die Heilige Schrift, womöglich durch einen Freund oder einen Verwandten ... vielleicht durch eine gläubige Großmutter oder einen gläubigen Großvater. Aber um zu entdecken, wie wichtig es für jeden von uns ist, auf die Gegenwart Gottes in unseren Herzen zu achten, auf diese Sehnsucht nach Liebe in unseren Leben, ist eine Suche nötig, eine wahre Suche, nach Wegen, wie wir mit unseren Leben etwas anfangen können, um etwas für andere zu tun.

Und in diesem Dienst an anderen können wir vielleicht feststellen, dass durch Freundschaft, durch den Aufbau einer

Gemeinschaft auch wir den wahren Sinn unseres Lebens finden können. Es gibt Momente der Angst, der Einsamkeit. So viele Menschen, die unter verschiedenen Formen von Depressionen oder Traurigkeit leiden, können entdecken, dass die Liebe Gottes wirklich Heilung bringt, dass sie Hoffnung schenkt und dass wir tatsächlich, wenn wir als Freunde, als Schwestern und Brüder, in Gemeinschaft, in einer Pfarrei, in einer Erfahrung des geteilten Glaubens zusammenkommen, die Gnade des Herrn finden können, dass die Liebe Gottes uns wirklich heilen kann, uns die Kraft geben kann, die wir brauchen, die Quelle der Hoffnung sein kann, die wir alle in unseren Leben benötigen. Diese Botschaft der Hoffnung miteinander zu teilen – durch Kontakte, durch Dienen, auf der Suche nach Wegen, unsere Welt zu einem besseren Ort zu machen –, schenkt uns allen wahres Leben und ist ein Zeichen der Hoffnung für die ganze Welt.

Den jungen Menschen, die hier versammelt sind, möchte ich sagen: Ihr seid für so viele von uns Hoffnungsträger. Die Welt blickt auf euch, während ihr euch umschaut und sagt: Wir brauchen euch, wir möchten, dass ihr zusammenkommt, um mit uns diese gemeinsame Mission zu erfüllen, als Kirche und in der Gesellschaft, eine Botschaft der wahren Hoffnung zu verkünden und Frieden und Harmonie unter allen Völkern zu fördern.

Wir müssen über unsere eigenen – wenn ihr mir den Ausdruck gestattet – egoistischen Gewohnheiten hinausblicken. Wir müssen nach Wegen suchen, um zusammenzukommen und eine Botschaft der Hoffnung zu verbreiten. Der heilige

Augustinus sagt uns, dass wir, wenn wir wollen, dass die Welt ein besserer Ort wird, bei uns selbst anfangen müssen, bei unseren eigenen Leben, unseren eigenen Herzen.[52]

In diesem Sinne könnt ihr, während ihr euch als Glaubensgemeinschaft versammelt, während ihr in der Erzdiözese Chicago feiert, während ihr eure eigenen Erfahrungen von Freude und Hoffnung teilt, herausfinden und entdecken, dass auch ihr tatsächlich Leuchttürme der Hoffnung seid. Dieses Licht, das am Horizont vielleicht nicht leicht zu erkennen ist, wird jedoch, wenn wir in unserer Einheit wachsen und in Gemeinschaft zusammenkommen, immer heller leuchten. Denn dieses Licht ist unser Glaube an Jesus Christus. Und wir können zu dieser Botschaft der Hoffnung werden, um Frieden und Einheit in unserer Welt zu fördern. Wir alle leben mit vielen Fragen in unseren Herzen. Der heilige Augustinus spricht so oft von unseren »unruhigen« Herzen und sagt: »Unruhig ist unser Herz, bis es Ruhe findet, o Gott, in dir.«[53] Diese Unruhe ist nichts Schlechtes, und wir sollten nicht nach Wegen suchen, das Feuer zu löschen, die Spannungen, die wir empfinden, und die Schwierigkeiten, die wir erleben, beiseitezuwischen oder uns ihnen gegenüber sogar unempfindlich zu machen. Wir sollten vielmehr mit unserem eigenen Herzen in Verbindung treten und erkennen, dass Gott in unseren Leben, durch unsere Leben wirken kann und durch uns andere Menschen erreichen kann.

Und so möchte ich diese kurze Botschaft an euch alle mit einer Einladung abschließen, wahrhaftig dieses Licht der Hoffnung zu sein. »Die Hoffnung aber lässt nicht zugrunde gehen«, sagt uns der heilige Paulus in seinem Brief an die Römer (5,5). Wenn ich jeden Einzelnen von euch sehe, wenn ich sehe, wie Menschen zusammenkommen, um ihren Glauben zu feiern, entdecke ich selbst, wie viel Hoffnung es in der Welt gibt. In diesem Jubiläumsjahr der Hoffnung ruft Christus, der unsere Hoffnung ist, uns alle dazu auf, uns zu vereinen, damit wir dieses lebende Vorbild sein können: das Licht der Hoffnung in der heutigen Welt. Deshalb möchte ich euch alle einladen, euch einen Moment Zeit zu nehmen, eure Herzen für Gott zu öffnen, für Gottes Liebe, für den Frieden, den nur der Herr uns schenken kann. Zu spüren, wie überaus schön, wie stark, wie bedeutungsvoll die Liebe Gottes in unseren Leben ist. Und zu erkennen, dass, obwohl wir nichts tun, um Gottes Liebe zu verdienen, Gott uns in seiner Großzügigkeit weiterhin mit seiner Liebe überschüttet. Und während er uns seine Liebe schenkt, bittet er uns nur, ebenso großzügig zu sein und das, was er uns gegeben hat, mit anderen zu teilen.

Möget ihr wahrhaft gesegnet sein, wenn ihr euch zu dieser Feier versammelt. Mögen die Liebe und der Friede des Herrn auf jeden Einzelnen von euch und auf eure Familien herabkommen, und möge Gott euch alle segnen, damit ihr stets Leuchttürme der Hoffnung, Zeichen der Hoffnung und des Friedens in unserer Welt sein möget. Und möge der Segen des allmächtigen Gottes, des Vaters, des Sohnes und des Heiligen Geistes, auf euch kommen und immer bei euch bleiben. Amen.

Ein Tanz der wechselseitigen Liebe

Predigt zur Heiligen Messe am Hochfest der Heiligen Dreifaltigkeit, Jubiläum des Sports

Petersdom

Sonntag, 15. Juni 2025

In der ersten Lesung haben wir folgende Worte gehört: So spricht die Weisheit Gottes: »Der Herr hat mich geschaffen als Anfang seines Weges, vor seinen Werken in der Urzeit. [...] Als er den Himmel baute, war ich dabei, [...] da war ich als geliebtes Kind bei ihm. Ich war seine Freude Tag für Tag und spielte vor ihm allezeit. Ich spielte auf seinem Erdenrund und meine Freude war es, bei den Menschen zu sein.« (Spr 8,22.27.30-31) Für den heiligen Augustinus sind die Dreifaltigkeit und die Weisheit eng miteinander verbunden. Die göttliche Weisheit wird in der Heiligsten Dreifaltigkeit offenbar, und die Weisheit führt uns stets zur Wahrheit.

Und während wir dieser Tage die Heiligjahrfeier des Sports begehen, feiern wir heute den Dreifaltigkeitssonntag. Diese beiden Worte *Dreifaltigkeit* und *Sport* verwendet man selten zusammen, und doch ist diese Kombination nicht abwegig. In jeder guten menschlichen Tätigkeit scheint etwas von der Schönheit Gottes auf, und der Sport gehört sicherlich dazu. Außerdem ist Gott nicht statisch, in sich geschlossen. Er ist Gemeinschaft, lebendige Beziehung zwischen dem Vater, dem Sohn und dem Heiligen Geist, die sich der Menschheit und der Welt öffnet. Die Theologie nennt diese Wirklichkeit *Perichorese*, also »Tanz«: ein Tanz wechselseitiger Liebe.

Dieser göttlichen Dynamik entspringt das Leben. Wir sind von einem Gott geschaffen worden, dem es gefällt und der sich daran erfreut, seine Geschöpfe ins Sein zu rufen, der »spielt«, wie uns die erste Lesung in Erinnerung gerufen hat (vgl. Spr 8,30-31). Einige Kirchenväter sprechen sogar kühn von einem *Deus ludens*, einem Gott, der sich vergnügt.[54] Deshalb also kann uns der Sport helfen, dem dreifaltigen Gott zu begegnen: weil er eine gewiss äußere, aber auch und vor allem innere Bewegung des Ich auf den Anderen hin erfordert. Ohne diese ist er nichts anderes als ein steriler Wettkampf von Egoismen.

Denken wir an einen Ausdruck, der in der italienischen Sprache häufig verwendet wird, um Sportler bei Wettkämpfen anzufeuern. Die Zuschauer rufen: »Dai!« Vielleicht bemerken wir das nicht, aber es ist ein sehr schöner Imperativ – der Imperativ des Verbs *dare* (»geben«). Und das kann uns zum Nachdenken anregen. Es geht nicht nur darum, eine – vielleicht sogar außergewöhnliche – körperliche Leistung zu erbringen, sondern darum, sich selbst zu geben, »alles einzusetzen«. Es geht um Hingabe für andere – für das eigene Wachstum, für die Unterstützer, für die Angehörigen, für die Trainer, für die Mitarbeiter, für das Publikum, auch für die Gegner – und wenn man wirklich ein Sportler ist, gilt dies über das bloße Ergebnis hinaus. Der heilige Johannes Paul II. – selbst ein Sportler, wie wir wissen – drückte es so aus: »Sport ist Lebensfreude, Spiel, Fest, und in diesem Sinne sollte er wertgeschätzt werden [...] durch die Rückgewinnung seiner Unentgeltlichkeit und seiner Fähigkeit, Freundschaften zu schmieden, den Dialog und die Offenheit füreinander zu fördern, [...] und zwar jenseits der rauen Gesetze von Produktion und Konsum und jeder anderen rein utilitaristischen und hedonistischen Lebensauffassung.«[55]

In dieser Hinsicht möchte ich insbesondere drei Aspekte erwähnen, die den Sport heute zu einem wertvollen Mittel menschlicher und christlicher Bildung machen.

Erstens: In einer Gesellschaft, die von *Einsamkeit* geprägt ist und in der ein extremer Individualismus den Schwerpunkt vom »Wir« zum »Ich« verlagert hat und schlussendlich den anderen ignoriert, lehrt der Sport – insbesondere der Mannschaftssport – den Wert der Zusammenarbeit, des gemeinsamen Unterwegsseins, des Teilens, das, wie wir gesagt haben, den Wesenskern des Lebens Gottes ausmacht (vgl. Joh 16,14-15). So kann der Sport zu einem wichtigen Instrument der Wiederannäherung und Begegnung werden: zwischen den Völkern, in den Gemeinschaften, im schulischen Bereich und am Arbeitsplatz, in den Familien!

Zweitens: In einer zunehmend *digitalisierten* Gesellschaft, in der die Technik, auch wenn sie weit entfernte Menschen zusammenbringt, die Nahestehenden oft in die Ferne rückt, kommen im Sport der Wert des konkreten Miteinanders, das Bewusstsein für den Körper, für den Raum, für die Mühe und für die echte Zeit zur Geltung. So hilft er, der Versuchung, sich in virtuelle Welten zu flüchten, entgegenzuwirken und einen gesunden Kontakt zur Natur und zum konkreten Leben zu bewahren, dem einzigen Ort, wo sich die Liebe vollzieht (vgl. 1 Joh 3,18).

Drittens: In einer *wettbewerbsorientierten* Gesellschaft, in der scheinbar nur die Starken und die Sieger zu leben verdienen, lehrt der Sport auch, zu verlieren, indem er den Menschen in der *Kunst der Niederlage* mit einer der tiefsten Wahrheiten seines Daseins konfrontiert: mit der Zerbrechlichkeit, der Begrenztheit, der Unvollkommenheit. Das ist wichtig, denn aus der Erfahrung dieser Zerbrechlichkeit heraus öffnen wir uns für die Hoffnung. Es gibt keinen Sportler, der nie Fehler macht, der nie verliert. Die Großen im Sport sind keine unfehlbaren Maschinen, sondern Männer und Frauen, die, auch wenn sie fallen, den Mut finden, wieder aufzustehen. Erinnern wir uns in diesem Zusammenhang noch einmal an die Worte des heiligen Johannes Paul II., der sagte, dass Jesus *»der wahre Athlet Gottes«* ist, weil er die Welt nicht mit Gewalt, sondern mit der Treue der Liebe besiegt hat.[56]

Es ist kein Zufall, dass der Sport im Leben vieler Heiliger unserer Zeit eine bedeutende Rolle gespielt hat, sowohl als persönliche Praxis wie auch als Weg der Evangelisierung. Denken wir an den seligen Pier Giorgio Frassati, den Schutzpatron der Sportler, der am 7. September heiliggesprochen werden wird. Sein einfaches und leuchtendes Leben erinnert uns daran, dass niemand als Champion geboren wird, so wie niemand als Heiliger geboren wird. Es ist das tägliche Training der Liebe, das uns dem endgültigen Sieg näherbringt (vgl. Röm 5,3-5) und das uns dazu befähigt, am Aufbau einer neuen Welt mitzuwirken. Das sagte auch der heilige Paul VI. zwanzig Jahre nach dem Ende des Zweiten Weltkriegs, als er die Mitglieder eines katholischen Sportvereins daran erinnerte, wie sehr der Sport dazu beigetragen hatte, Frieden und Hoffnung in eine von den Folgen des Krieges zerrüttete Gesellschaft zurückzubringen.[57] Er sagte: »Euer Bemühen gilt der Bildung einer neuen Gesellschaft: [...] in dem Bewusstsein, dass der Sport mit den gesunden Erziehungselementen, die er fördert, ein äußerst nützliches Instrument für die geistige Erhebung des Menschen sein kann, welche die erste und unverzichtbare Voraussetzung für eine geordnete, friedliche und konstruktive Gesellschaft ist.«[58]

Liebe Sportlerinnen und Sportler, die Kirche vertraut euch eine sehr schöne Aufgabe an: dass ihr in euren Aktivitäten ein Widerschein der Liebe des dreifaltigen Gottes seid – zu eurem eigenen Wohl und zum Wohl eurer Brüder und Schwestern. Lasst euch mit Begeisterung auf diese Mission ein: als Athleten, als Trainer, als Vereine, als Gruppen, als Familien. Papst Franziskus betonte gerne, dass Maria im Evangelium als aktiv, in Bewegung, sogar als »eilig« beschrieben wird (vgl. Lk 1,39), stets bereit, wie es Müttern eigen ist, auf einen Wink Gottes hin ihren Kindern zu Hilfe zu eilen.[59] Bitten wir sie, unsere Mühen und unser Engagement zu begleiten und diese immer auf das Beste auszurichten, bis zum wichtigsten Sieg: jenem der Ewigkeit, dem »unendlichen Spielfeld«, auf dem das Spiel kein Ende haben und die Freude vollkommen sein wird (vgl. 1 Kor 9,24-25; 2 Tim 4,7-8).

Die Freude des Universums teilen

Ansprache an die Teilnehmenden der von der Vatikanischen Sternwarte unterstützten Sommerschule für Astrophysik

Konsistorialsaal

Montag, 16. Juni 2025

Ich freue mich über diese Gelegenheit, euch und Sie alle, Studierende und Wissenschaftler aus verschiedenen Teilen der Welt, die an der Sommerschule der Vatikanischen Sternwarte teilnehmen, begrüßen zu dürfen. Ich wünsche Ihnen, dass diese Erfahrung des gemeinsamen Lebens und Lernens nicht nur akademisch und persönlich bereichernd sein wird, sondern auch dazu beiträgt, Freundschaften und Formen der Zusammenarbeit zu entwickeln, die zweifellos zum Fortschritt der Wissenschaft im Dienste unserer einzigen großen Menschheitsfamilie beitragen.

Die diesjährige Sommerschule widmet sich – wie mir gesagt wurde – dem Thema »Erforschung des Universums mit dem James-Webb-Weltraumteleskop«. Das muss für Astronomen sicherlich eine aufregende Zeit sein! Dank dieses wirklich bemerkenswerten Instruments können wir zum ersten Mal tief in die Atmosphäre von Exoplaneten blicken, auf denen sich möglicherweise Leben entwickelt, und die Nebel untersuchen, in denen sich Planetensysteme bilden. Mit Webb können wir sogar das uralte Licht entfernter Galaxien verfolgen, das vom Beginn unseres Universums erzählt.

Die Autoren der Heiligen Schrift, die vor so vielen Jahrhunderten schrieben, hatten dieses Privileg nicht. Dennoch malten sie sich mit ihrer poetischen und religiösen Vorstellungskraft aus, wie der Moment der Schöpfung gewesen sein muss: »Froh leuchten die Sterne auf ihren Posten. / Ruft er sie, so antworten sie: Hier sind wir. / Sie leuchten mit Freude für ihren Schöpfer.« (Baruch 3,34-35) Erfüllen uns die Bilder des James Webb in unserer Zeit nicht ebenfalls mit Staunen und sogar mit einer geheimnisvollen Freude, wenn wir ihre erhabene Schönheit betrachten?

Das Wissenschaftsteam des Weltraumteleskops hat hart gearbeitet, um diese Bilder der Öffentlichkeit zugänglich zu machen, wofür wir ihm alle dankbar sein können. In besonderer Weise haben jedoch Sie alle, die Sie an der Sommerschule teilnehmen, die Kenntnisse und die Ausbildung erhalten, die es Ihnen ermöglichen, dieses erstaunliche Werkzeug zu nutzen, um unser Wissen über den Kosmos zu erweitern, von dem wir ein winziger, aber bedeutungsvoller Teil sind.

Natürlich ist keiner von Ihnen allein so weit gekommen. Jeder von Ihnen ist Teil einer viel größeren Gemeinschaft. Man denke nur an all die Menschen, die in den letzten dreißig Jahren daran gearbeitet haben, das Weltraumteleskop und seine Instrumente zu konstruieren, und an diejenigen, die die wissenschaftlichen Ideen entwickelt haben, die damit überprüft werden sollten. Neben dem Beitrag Ihrer Kollegen aus der Wissenschaft, dem Ingenieurwesen und der Mathematik war es auch die Unterstützung Ihrer Familien und vieler Ihrer Freunde, die es Ihnen ermöglicht hat, den Wert dieses wunderbaren Projekts zu erkennen und an ihm mitzuwirken, das uns einen neuen Blick auf die Welt um uns herum eröffnet hat.

Vergessen Sie also niemals, dass das, was Sie tun, uns allen zugutekommen soll. Seien Sie großzügig im Teilen der von Ihnen gewonnenen Erkenntnisse und gemachten Erfahrungen, so gut wie möglich und auf welche Weise auch immer. Zögern Sie nicht, die Freude und das Staunen zu teilen, die Sie bei der Betrachtung der »Saatkörner« empfinden, die Gott, wie der heilige Augustinus sagt, in die Harmonie des Universums gesät hat.[60] Je mehr Freude Sie teilen, desto mehr Freude erzeugen Sie, und auf diese Weise kann jeder von Ihnen durch sein Streben nach Wissen zum Aufbau einer friedlicheren und gerechteren Welt beitragen.

Mit diesen Gedanken, meine Freunde, danke ich Ihnen erneut für Ihren Besuch und versichere Ihnen, dass ich für Sie, Ihre Familien und Ihre Arbeit beten werde. Ich erbitte gerne Gottes Segen der Weisheit und der Einsicht, der Freude und des Friedens für Sie alle. Gott segne Sie!

Der Kompass des Naturrechts

Ansprache vor den Mitgliedern der Internationalen Interparlamentarischen Union
Segnungsaula
Samstag, 21. Juni 2025

Es ist mir eine Freude, dass wir im Kontext der Konferenz der Interparlamentarischen Union während der derzeitigen Heilig-Jahr-Feier der Regierungen zusammentreffen können. Herzlich heiße ich die Mitglieder der Delegationen aus 68 Ländern willkommen und insbesondere die Präsidenten der jeweiligen Parlamentarischen Institutionen.

Politik wurde zu Recht als höchste Form der Nächstenliebe definiert, ich zitiere Papst Pius XI.[61] Wenn wir den Dienst bedenken, den das politische Leben der Gesellschaft und dem Gemeinwohl erweist, dann kann es wirklich als Akt christlicher Liebe betrachtet werden, die niemals bloß eine Theorie ist, sondern stets ein konkretes Zeichen und Zeugnis von Gottes beständiger Sorge für das Wohl unserer Menschheitsfamilie.[62]

Diesbezüglich möchte ich am heutigen Vormittag drei Überlegungen mit Ihnen teilen, die mir im aktuellen kulturellen Kontext wichtig zu sein scheinen.

Die erste Überlegung betrifft Ihre Verantwortung, das *Wohl der Gemeinschaft, das Gemeinwohl*, unabhängig von jeglichem Sonderinteresse zu fördern und zu schützen, insbesondere durch die Verteidigung der Schwachen und Ausgegrenzten. Das hieße beispielsweise, sich dafür einzusetzen, das inakzeptable Missverhältnis zwischen dem Reichtum weniger und der Armut vieler zu überwinden.[63] Diejenigen, die in Extremsituationen leben, schreien auf, um ihre Stimme zu Gehör zu bringen, aber häufig finden sie niemanden, der bereit wäre, ihre Klage zu hören. Dieses Ungleichgewicht verursacht Situationen anhaltender Ungerechtigkeit, die leicht in Gewalt und früher oder später in die Tragödie des Krieges münden. Gute Politik dagegen kann durch die Unterstützung einer gerechten Verteilung der Ressourcen einen wirksamen Dienst an Harmonie und Frieden anbieten, sowohl innenpolitisch als auch international.

Meine zweite Überlegung bezieht sich auf *Religionsfreiheit und interreligiösen Dialog*. Dieser Bereich hat in der gegenwärtigen Zeit größere Bedeutung erlangt, und politisches Handeln kann viel erreichen durch den Einsatz für Bedingungen, unter denen echte Religionsfreiheit gegeben ist und sich eine respektvolle und konstruktive Begegnung zwischen verschiedenen Religionsgemeinschaften entwickeln kann. Der Glaube an Gott mit den sich daraus ergebenden positiven Werten ist eine unermessliche Quelle des Guten und der

Wahrheit für das Leben der Individuen und Gemeinschaften. Der heilige Augustinus sprach von der Notwendigkeit, von der »amor sui« – der egoistischen, kurzsichtigen und destruktiven Selbstliebe – zur »amor Dei« – der frei geschenkten, großherzigen Liebe, die in Gott gegründet ist und zur Selbsthingabe führt – überzugehen. Dieser Übergang, so lehrte er, ist grundlegend für den Aufbau der »civitas Dei«, einer Gesellschaft, deren Grundgesetz die Liebe ist.[64]

Um einen gemeinsamen Bezugspunkt für das politische Handeln zu haben und die Berücksichtigung des Transzendenten in Entscheidungsprozessen nicht von vornherein auszuschließen, wäre es hilfreich, nach einem Element zu suchen, das alle eint. Ein wesentlicher Referenzpunkt ist dabei das Naturrecht, das nicht von Menschenhand geschrieben wurde, sondern zu allen Zeiten und an allen Orten als gültig anerkannt ist und in der Natur selbst sein plausibelstes und überzeugendstes Argument findet. Mit den Worten Ciceros, der schon in der Antike ein maßgeblicher Verfechter dieses Gesetzes war, zitiere ich aus *De re publica*: »Das wahre Gesetz ist die richtige Vernunft, die mit der Natur im Einklang, universal, beständig und ewig ist, die durch Gebot zur Pflichterfüllung ruft, durch Verbot von Unredlichkeit abschreckt. [...] Diesem Gesetz etwas von seiner Gültigkeit zu nehmen ist Frevel, und es darf ihm nichts abgedungen werden, noch kann es ganz außer Kraft gesetzt werden, noch auch können wir durch den Senat oder durch das Volk von diesem Gesetz gelöst werden, noch braucht sein Erklärer und Kommentator gesucht zu werden. Das Gesetz wird nicht anders sein in

Rom, anders in Athen, anders jetzt, anders später, sondern alle Völker wird zu aller Zeit das eine Gesetz, ewig und unveränderlich, binden.«[65]

Das Naturrecht, das neben und über anderen eher fragwürdigen Überzeugungen universale Gültigkeit hat, bildet den Kompass, an dem wir uns bei der Gesetzgebung und beim Handeln orientieren müssen, insbesondere bei den heiklen und dringenden ethischen Fragen, die heute mehr als früher das persönliche Leben und die Privatsphäre betreffen.

Die am 10. Dezember von den Vereinten Nationen gebilligte und verkündete *Allgemeine Erklärung der Menschenrechte* gehört mittlerweile zum kulturellen Erbe der Menschheit. Dieser stets aktuelle Text kann in hohem Maße dazu beitragen, die menschliche Person in ihrer unantastbaren Integrität in den Mittelpunkt der Wahrheitssuche zu stellen und so denjenigen ihre Würde zurückzugeben, die sich in ihrem Innersten und ihren Gewissensentscheidungen nicht respektiert fühlen.

Das führt uns zur dritten Überlegung. Der in unserer Welt erreichte Grad der Zivilisation und die Ihnen gesteckten Ziele werden heute durch die künstliche Intelligenz herausgefordert. Diese Entwicklung wird sicherlich eine große Hilfe für die Gesellschaft sein, vorausgesetzt, dass ihr Einsatz nicht die Identität und Würde des Menschen und seine grundlegenden Freiheiten untergräbt. Insbesondere darf nicht vergessen werden, dass künstliche Intelligenz die Funktion eines auf das Wohl der Menschen ausgerichteten Mittels hat und den Menschen weder herabsetzen noch ersetzen soll. Was sich abzeichnet, ist in der Tat eine große Herausforderung, die hohe Aufmerksamkeit und Weitsicht erfordert, um auch im Rahmen neuer Szenarien gesunde, gerechte und gute Lebensstile zu entwickeln, insbesondere zum Wohl der jüngeren Generationen.

Unser persönliches Leben hat einen größeren Wert als jeder Algorithmus, und soziale Beziehungen erfordern Entwicklungsräume, die weit über die begrenzten Muster hinausgehen, die eine seelenlose Maschine vorgeben kann. Vergessen wir nicht, dass die künstliche Intelligenz zwar in der Lage ist, Millionen von Datenpunkten zu speichern und viele Fragen in Sekundenschnelle zu beantworten, aber dennoch über ein »statisches Gedächtnis« verfügt, das in keiner Weise mit dem des Menschen vergleichbar ist. Unser Gedächtnis hingegen ist kreativ, dynamisch, generativ und in der Lage, Vergangenheit, Gegenwart und Zukunft in einer lebendigen und fruchtbaren Sinnsuche zu vereinen, mit allen ethischen und existenziellen Implikationen, die dies mit sich bringt.[66]

Die Politik kann eine Herausforderung dieser Größenordnung nicht ignorieren. Sie ist im Gegenteil dazu aufgerufen, den zahlreichen Bürgern Rede und Antwort zu stehen, die zu Recht sowohl mit Vertrauen als auch mit Sorge auf die Fragen blicken, die diese neue digitale Kultur aufwirft.

Zum Großen Jubiläum des Jahres 2000 hat der heilige Johannes Paul II. die politischen Führungspersönlichkeiten auf den heiligen Thomas Morus hingewiesen – als zu verehrenden Zeugen sowie als Fürsprecher, unter dessen Schutz sie ihre Arbeit stellen können. Sir Thomas More war ein Mann, der seine zivilen Verantwortlichkeiten treu erfüllte, ein vollkommener Diener des Staates, gerade aufgrund seines Glaubens, der ihn dazu brachte, Politik nicht als Beruf zu sehen, sondern als eine Mission zur Verbreitung der Wahrheit und des Guten. Er stellte »sein öffentliches Wirken in den Dienst der Person, besonders wenn es sich um schwache oder arme Menschen handelte; er führte die sozialen Auseinandersetzungen mit einem besonderen Sinn für Gerechtigkeit; er schützte die Familie und verteidigte sie mit unermüdlichem Einsatz; er förderte die umfassende Erziehung der Jugend«.[67] Den Mut, den er in seiner Bereitschaft bewies, eher sein Leben zu opfern als die Wahrheit zu verraten, macht ihn zu einem Märtyrer für die Freiheit und für den Primat des Gewissens, auch für uns heute. Möge sein Vorbild eine Quelle der Inspiration und der Orientierung für einen jeden von Ihnen sein!

Das Brot teilen, um die Hoffnung zu vermehren

Hochfest des Heiligen Leibes und Blutes Christi,
Heilige Messe, Prozession und eucharistische Segnung

Platz vor der Lateranbasilika

Sonntag, 22. Juni 2025

Liebe Brüder und Schwestern, es ist schön, bei Jesus zu sein. Das soeben verkündete Evangelium bezeugt dies, indem es berichtet, dass die Volksmenge stundenlang bei ihm blieb, während er vom Reich Gottes sprach und die Kranken heilte (vgl. Lk 9,11). Das Mitgefühl Jesu mit den Leidenden ist Ausdruck der liebevollen Nähe Gottes, der in die Welt kommt, um uns zu retten. Wenn Gott herrscht, dann ist der Mensch von allem Bösen befreit. Doch auch für diejenigen, welche die Frohe Botschaft Jesu hören, kommt die Stunde der Prüfung. An jenem verlassenen Ort, an dem die Menschen dem Meister zugehört haben, wird es Abend, und es gibt nichts zu essen (vgl. V. 12). Der Hunger der Menschen und der Sonnenuntergang sind Zeichen für die Endlichkeit, die auf der Welt, auf jedem Geschöpf liegt: Der Tag endet, wie auch das Leben der Menschen. In diesem Moment, in der Zeit der Not und der Schatten, bleibt Jesus in unserer Mitte.

Gerade wenn die Sonne untergeht und der Hunger zunimmt, wenn die Apostel selbst darum bitten, das Volk fortzuschicken, überrascht uns Christus mit seiner Barmherzigkeit. Er hat Mitleid mit den hungrigen Menschen und fordert seine Jünger auf, sich um sie zu kümmern: Der Hunger ist keine Not, die nichts mit dem Verkünden des Reiches Gottes und mit dem Bezeugen des Heils zu tun hätte. Im Gegenteil, dieser Hunger betrifft unsere Beziehung zu Gott. Fünf Brote und zwei Fische scheinen jedoch keineswegs auszureichen, um das Volk zu sättigen: Die Berechnungen der Jünger, die scheinbar vernünftig sind, verraten ihren Kleinglauben. Denn in Wirklichkeit gibt es bei Jesus alles, was wir brauchen, um unserem Leben Kraft und Sinn zu geben.

Auf den Ruf des Hungers antwortet er nämlich mit dem Zeichen des Teilens: Er *erhebt* die Augen, *sagt* Lob und Dank, *bricht* das Brot und *reicht* allen Anwesenden zu essen (vgl. V. 16). Die Gesten des Herrn begründen kein kompliziertes magisches Ritual, sondern zeugen in Schlichtheit von der Dankbarkeit gegenüber dem Vater, vom kindlichen Gebet Christi und von der geschwisterlichen Gemeinschaft, die der Heilige Geist ermöglicht. Um Brote und Fische zu vermehren, teilt Jesus die vorhandenen: Und genau so reichen sie für alle, ja, sie sind im Überfluss vorhanden. Nachdem sie gegessen hatten – und sich satt gegessen hatten –, sammelten sie zwölf Körbe voll ein (vgl. V. 17).

Dies ist die Logik, die das hungernde Volk rettet: Jesus wirkt nach dem Vorbild Gottes und lehrt, dasselbe zu tun. An die Stelle der im Evangelium erwähnten Menschen treten heute ganze Völker, die mehr noch durch die Gier der anderen als durch ihren eigenen Hunger gedemütigt werden. Angesichts des Elends so vieler ist der Überfluss bei einigen wenigen ein Zeichen für gleichgültigen Hochmut, der Schmerz und Ungerechtigkeit verursacht. Statt zu teilen, verschwendet solche Üppigkeit die Früchte der Erde und der menschlichen Arbeit. Gerade in diesem Heiligen Jahr bleibt das Beispiel des Herrn für uns ein dringliches Kriterium für unser Handeln und für unseren Dienst: Das Brot zu teilen, um die Hoffnung zu vermehren, bedeutet, das Kommen des Reiches Gottes zu verkünden.

Indem er das Volk vor dem Hunger rettet, kündigt Jesus nämlich an, dass er alle vor dem Tod retten wird. Dies ist das Geheimnis des Glaubens, das wir im Sakrament der Eucharistie feiern. So wie der Hunger ein Zeichen unserer radikalen Bedürftigkeit im Leben ist, so ist das Brechen des Brotes ein Zeichen der göttlichen Gabe der Erlösung.

Liebe Gläubige, Christus ist die Antwort Gottes auf den Hunger der Menschen, denn sein Leib ist das Brot des ewigen Lebens: Nehmet und esset alle davon! Die Aufforderung Jesu entspricht unserer täglichen Erfahrung: Um zu leben, müssen wir uns vom Leben ernähren, indem wir es Pflanzen und Tieren nehmen. Doch etwas Totes zu essen, erinnert uns daran, dass auch wir sterben werden, egal wie viel wir essen. Wenn wir uns hingegen von Jesus, dem lebendigen und wahren Brot, ernähren, dann leben wir durch ihn. Der Gekreuzigte und Auferstandene schenkt sich uns, indem er sich ganz und gar hingibt, und wir entdecken auf diese Weise, dass wir dazu geschaffen sind, uns von Gott zu ernähren. Unsere hungrige Natur trägt das Merkmal einer Bedürftigkeit in sich, die durch die Gnade der Eucharistie gestillt wird. Wie der heilige Augustinus schreibt, ist Christus in der Tat *»panis qui reficit, et non deficit; panis qui sumi potest, consumi non potest«*:[68] Ein Brot, das stärkt und sich nicht aufbrauchen kann; ein Brot, das nährt und sich nicht erschöpfen kann. Denn die Eucharistie ist die wirkliche, tatsächliche und substanzielle Gegenwart des Erlösers,[69] der das Brot in sich selbst verwandelt, um uns in ihn zu verwandeln. Lebendig und lebensspendend, macht der Leib des Herrn uns, das heißt die Kirche selbst, zum Leib des Herrn.

Deshalb lehrt das Zweite Vatikanische Konzil mit den Worten des Apostels Paulus (vgl. 1 Kor 10,17): »Durch das Sakrament des eucharistischen Brotes [wird] die Einheit der Gläubigen, die einen Leib in Christus bilden, dargestellt und verwirklicht. Alle Menschen werden zu dieser Einheit mit Christus gerufen, der das Licht der Welt ist: Von ihm kommen wir, durch ihn leben wir, zu ihm streben wir hin.«[70] Die Prozession, die wir bald beginnen werden, ist ein Zeichen für diesen Weg. Gemeinsam, Hirten und Herde, nähren wir uns vom Allerheiligsten Sakrament, beten es an und tragen es durch die Straßen. Auf diese Weise zeigen wir es den Augen, den Gewissen, den Herzen der Menschen. Den Herzen derer, die glauben, damit sie fester glauben; den Herzen derer, die nicht glauben, damit sie sich fragen, welchen Hunger wir in unser Seele haben und welches Brot ihn stillen kann.

Gestärkt durch die Nahrung, die Gott uns schenkt, bringen wir Jesus zu den Herzen aller, denn Jesus bezieht alle in das Werk der Erlösung mit ein und lädt jeden ein, an seinem Tisch teilzuhaben. Selig sind die Geladenen, die zu Zeugen dieser Liebe werden!

Mit dem Herzen Christi lieben

Meditation zum Jubiläum der Seminaristen
Petersdom, Beichtaltar
Dienstag, 24. Juni 2025

Es ist mir eine große Freude, mit euch zusammenzutreffen, und ich danke allen, den Seminaristen und den Ausbildern, für eure lebhafte Anwesenheit. Danke vor allem für eure Freude und eure Begeisterung. Danke, denn mit eurer Energie nährt ihr die Flamme der Hoffnung im Leben der Kirche!

Heute seid ihr nicht nur *Pilger*, sondern auch *Zeugen der Hoffnung*: Ihr bezeugt sie mir und allen, denn ihr habt euch in einer nicht leichten Zeit auf das faszinierende Abenteuer der Priesterberufung eingelassen. Ihr habt in die Berufung eingewilligt, sanftmütige und starke Verkünder von Gottes rettendem Wort zu werden, Diener einer offenen Kirche und einer Kirche in missionarischem Aufbruch.

Danke, dass ihr mutig die Einladung des Herrn angenommen habt, ihm zu folgen, Jünger zu sein, ins Priesterseminar einzutreten. Man braucht Mut, und habt keine Angst! Zu Christus, der euch ruft, sagt ihr mit Mut und Demut »Ja«. Und euer »Hier bin ich«, das ihr zu ihm sagt, keimt im Leben der Kirche und lässt sich begleiten von dem notwendigen Weg der Unterscheidung und Formung.

Jesus, das wisst ihr, beruft euch vor allem dazu, eine Erfahrung der Freundschaft mit ihm und mit euren Weggefährten zu leben (vgl. Mk 3,13). Eine Erfahrung, die auch nach der Priesterweihe zum beständigen Wachsen bestimmt ist und die alle Aspekte des Lebens umfasst. Denn es gibt nichts von euch, das ausgesondert werden müsste, sondern alles soll der Logik des Weizenkorns folgend angenommen und verwandelt werden, um glückliche Menschen und Priester zu werden, »Brücken« und keine Hindernisse für die Begegnung mit Christus für all jene, die zu euch kommen. Ja, er muss wachsen, und wir müssen kleiner werden, damit wir Hirten nach seinem Herzen sein können.[71]

Wie sollte man in Bezug auf das Herz Jesu Christi nicht an die Enzyklika *Dilexit nos* denken, die uns der geliebte Papst Franziskus geschenkt hat?[72] Gerade in dieser Zeit, die ihr jetzt erlebt, das heißt in der Zeit der Ausbildung und Entscheidungsfindung, ist es wichtig, die Aufmerksamkeit auf das Zentrum, auf die »Antriebskraft« eures ganzen Weges zu richten: das Herz! Das Seminar sollte, wie auch immer die Modalitäten im Einzelnen gedacht sein mögen, eine »Schule der Affektivität« sein. Insbesondere in der heutigen Zeit, geprägt von Konflikten und Narzissmus, ist es für uns notwendig, dass wir lernen zu lieben und dies so tun wie Jesus.[73]

Wie Jesus mit menschlichem Herzen geliebt hat,[74] so seid ihr aufgerufen, mit dem Herzen Christi zu lieben! *Amar con el corazón de Jesús.* Mit dem Herzen Jesu lieben. Aber um diese Kunst zu erlernen, ist es notwendig, an seinem Innenleben zu arbeiten, wo Gott seine Stimme hören lässt und von wo die tiefsten Entscheidungen ausgehen. Aber es ist auch ein Ort der Spannungen und Kämpfe (vgl. Mk 7,14-23), welcher der Umkehr bedarf, damit eure ganze Menschlichkeit den Wohlgeruch des Evangeliums ausströmt. Die erste Arbeit muss also dem eigenen Inneren gelten. Denkt an die Aufforderung des heiligen Augustinus, zum Herzen zurückzukehren, weil wir dort Gottes Spuren finden. In das Herz hinabzusteigen, kann uns zuweilen Angst machen, weil es in ihm auch Wunden gibt. Habt keine Angst, euch um sie zu kümmern, euch helfen zu lassen, denn gerade aus diesen Wunden wird die Fähigkeit entstehen, den Leidenden nahe zu sein. Ohne inneres Leben ist auch ein geistliches Leben unmöglich, weil Gott gerade dort, im Herzen, zu uns spricht. *Dios nos habla en el corazón, temenos que saber escucharlo:* Gott spricht im Herzen zu uns, wir müssen auf ihn zu hören wissen. Teil dieser Arbeit am eigenen Inneren ist auch das Training, um zu lernen, die Bewegungen des Herzens zu erkennen: nicht nur die flüchtigen, unmittelbaren Emotionen, die typisch sind für das Gemüt junger Menschen, sondern vor allem eure Empfindungen, die euch helfen, die Richtung eures Lebens zu entdecken. Wenn ihr lernt, euer Herz zu kennen, dann werdet ihr immer authentischer sein und keine Masken mehr aufzusetzen brauchen. Und der beste Weg, der uns in die Innerlichkeit führt, ist das Gebet: In der heutigen Zeit, in der wir total vernetzt sind, wird es immer schwieriger, die Erfahrung der Stille und Einsamkeit zu machen. Ohne die Begegnung mit Ihm sind wir nicht einmal in der Lage, uns selbst wirklich zu kennen.

Ich lade euch ein, oft zum Heiligen Geist zu beten, damit er in euch ein fügsames Herz formen möge, das fähig ist, die Gegenwart Gottes wahrzunehmen, auch beim Hören auf die Stimmen der Natur und der Kunst, der Dichtung, der Literatur[75] und der Musik wie auf die der Wissenschaften.[76] Bei eurem beharrlichen Einsatz im Studium der Theologie sollt ihr mit offenem Geist und Herzen auf die Stimmen der Kultur ebenso zu hören wissen wie auf die neuen Herausforderungen der künstlichen Intelligenz und der sozialen Medien.[77] Vor allem sollt ihr, so wie Jesus es getan hat, auf den häufig stummen Schrei der Kleinen, der Armen und Unterdrückten hören und auf den Schrei so vieler, insbesondere junger Menschen, die auf der Suche nach einem Sinn für ihr Leben sind.

Wenn ihr für euer Herz Sorge tragt, mit täglichen Zeiten der Stille, der Betrachtung, des Gebets, dann könnt ihr die Kunst der Unterscheidung lernen. Auch das ist eine wichtige Arbeit: unterscheiden zu lernen. Wenn wir jung sind, tragen wir so viele Wünsche in uns, so viele Träume und ehrgeizige Ziele. Das Herz ist oft übervoll, und es geschieht, dass man verwirrt ist. Dagegen muss unser Inneres nach dem Vorbild der Jungfrau Maria fähig werden, zu bewahren und zu erwägen. Die Fähigkeit des »synballein«, wie der Evangelist Lukas (2,19.51) schreibt: Teile zusammensetzen.[78] Hütet euch vor der Oberflächlichkeit und setzt die Teile des Lebens im Gebet, in der Betrachtung zusammen, indem ihr euch fragt: Was ich jetzt erlebe, was lehrt es mich? Was sagt es mir über meinen Weg? Wohin führt mich der Herr jetzt?

Meine Lieben, ihr sollt ein gütiges und demütiges Herz haben wie Jesus (vgl. Mt 11,29). Mögt ihr nach dem Vorbild des Apostels Paulus (vgl. Phil 2,5ff.) die Haltung Christi annehmen, um Fortschritte zu machen in der menschlichen, vor allem der affektiven und zwischenmenschlichen Reife. Es ist wichtig, ja, notwendig, von der Zeit des Seminars an stark auf das menschliche Reifen zu setzen und dabei Verstellung ebenso zurückzuweisen wie Heuchelei. Den Blick auf Jesus gerichtet, muss man lernen, auch Traurigkeit, Furcht, Angst, Entrüstung einen Namen und eine Stimme zu geben, indem man alles in die Beziehung zu Gott einbringt. Krisen, Grenzen, Schwächen sollen nicht vertuscht werden, sondern sie sollen vielmehr Momente der Gnade und österlicher Erfahrung sein.

In einer Welt, in der es oft Undank und Machtgier gibt, wo zuweilen die Logik der Ausgrenzung vorzuherrschen scheint, seid ihr aufgerufen, die Dankbarkeit und Selbstlosigkeit Christi zu bezeugen, den Jubel und die Freude, die Zärtlichkeit und Barmherzigkeit seines Herzens. Und auch den Stil der Annahme und Nähe zu leben, den großherzigen, uneigennützigen Dienst, indem ihr zulasst, dass der Heilige Geist eure Menschlichkeit noch vor der Priesterweihe »salben« kann.

Das Herz Christi ist erfüllt von grenzenlosem Mitgefühl. Er ist der barmherzige Samariter der Menschheit und sagt uns: »Geh und handle du genauso!« (Lk 10,37) Dieses Mitleid drängt ihn, für die Menge das Brot des Wortes und des Teilens zu brechen (vgl. Mk 6,30-44). Dahinter wird die Geste im Abendmahlssaal und am Kreuz erahnbar, wo er sich selbst als Speise gibt. Und zu uns sagt er: »Gebt ihr ihnen zu essen!« (Mk 6,37), das heißt: Macht aus eurem Leben eine Gabe der Liebe.

Liebe Seminaristen, die Weisheit der Mutter Kirche sucht, unterstützt vom Heiligen Geist, im Lauf der Zeit stets die für die geweihten Amtsträger geeignetsten und den Anforderungen vor Ort entsprechenden Ausbildungsmöglichkeiten. Was ist eure Aufgabe bei diesem Einsatz? Eure Aufgabe ist es, niemals das Niveau zu senken, sich nicht abzufinden, nicht nur passive Empfänger zu sein, sondern euch für das priesterliche Leben zu begeistern, in der Gegenwart zu leben und mit einem prophetischen Herzen in die Zukunft zu blicken. Ich hoffe, dass diese unsere Begegnung einem jeden von euch helfen möge, den persönlichen Dialog mit dem Herrn zu vertiefen, in dem ihr ihn bitten könnt, immer mehr die Haltung Christi anzunehmen, die Empfindungen seines Herzens. Jenes Herzens, das voller Liebe zu euch und zur gesamten Menschheit schlägt.

Einen guten Weg! Ich begleite euch mit meinem Segen.

Das Unsichtbare sehen

Meditation zum Jubiläum der Bischöfe
Altar der Kathedra im Petersdom
Mittwoch, 25. Juni 2025

Ich schätze und achte es, dass ihr als Pilger nach Rom gekommen seid, wohl wissend, wie dringlich die Anforderungen eures Amtes sind. Aber jeder von euch ist, wie ich, bevor er Hirte ist, ein Schaf der Herde des Herrn! Und so sind auch wir – ja, als Erste – eingeladen, durch die Heilige Pforte zu schreiten, das Symbol Christi, des Erlösers. Um die uns anvertraute Kirche zu leiten, müssen wir uns von ihm, dem Guten Hirten, tief erneuern lassen, um seinem Herzen und seinem Geheimnis der Liebe ganz gleichförmig zu werden.

»*Spes non confundit*«, die Hoffnung lässt nicht zugrunde gehen (vgl. Röm 5,5). Wie oft hat Papst Franziskus diese Worte des heiligen Paulus wiederholt! Sie sind für ihn zu einem Motto geworden, so sehr, dass er sie als Anfangswort der Bulle zur Ausrufung dieses Jubiläumsjahres gewählt hat.

Wir Bischöfe sind die ersten Erben dieser prophetischen Botschaft, und wir müssen sie bewahren und dem Volk Gottes durch Wort und Zeugnis weitergeben. Zu verkünden, dass die Hoffnung nicht enttäuscht, bedeutet manchmal, gegen den Strom zu schwimmen, sogar gegen die Offensichtlichkeit schmerzhafter und ausweglos erscheinender Situationen. Aber gerade in solchen Momenten kann deutlich werden, dass unser Glaube und unsere Hoffnung nicht von uns kommen, sondern von Gott. Wenn wir also den Leidenden wirklich nahe sind und solidarisch mit ihnen, kann der Heilige Geist auch die fast erloschene Flamme in den Herzen wieder entfachen.[79]

Meine Lieben, der Hirte ist Zeuge der Hoffnung durch das Beispiel eines Lebens, das fest in Gott verankert und ganz in den Dienst der Kirche gestellt ist. Dies geschieht in dem Maße, in dem er sich in seinem persönlichen Leben und in seinem apostolischen Dienst mit Christus identifiziert: Dann prägt der Geist des Herrn sein Denken, seine Gefühle und sein Verhalten. Betrachten wir gemeinsam einige Merkmale, die dieses Zeugnis kennzeichnen.

Der Bischof ist vor allem das *sichtbare Prinzip der Einheit* in der ihm anvertrauten Teilkirche. Es ist seine Aufgabe, dafür zu sorgen, dass sie in der Gemeinschaft all ihrer Glieder und mit der universalen Kirche aufgebaut wird, indem er den Beitrag der verschiedenen Gaben und Dienste für das gemeinsame Wachstum und für die Verbreitung des Evangeliums zur Geltung kommen lässt. In diesem Dienst kann der Bischof wie in seiner gesamten Sendung auf die besondere Gnade Gottes zählen, die ihm in der Bischofsweihe zuteilgeworden ist: Sie trägt ihn als Lehrer des Glaubens, als

Diener der Heiligung und als geistlichen Führer; sie belebt seine Hingabe für das Reich Gottes, für das ewige Heil der Menschen, um die Geschichte mit der Kraft des Evangeliums zu verwandeln.

Den zweiten Aspekt, den ich – weiterhin ausgehend von Christus als Leitbild für das Leben des Hirten – betrachten möchte, würde ich wie folgt definieren: Der Bischof als *Mann geistlichen Lebens*, das heißt als ein Mensch, der sich ganz dem Wirken des Heiligen Geistes fügt, welcher in ihm den Glauben, die Hoffnung und die Liebe weckt und diese wie eine Flamme in den verschiedenen Lebenssituationen nährt.

Der Bischof ist ein *Mann des Glaubens*. Und hier fällt mir jene wunderschöne Stelle aus dem Brief an die Hebräer ein (vgl. Kap. 11), wo der Verfasser, ausgehend von Abel, eine lange Liste von »Zeugen« des Glaubens erstellt; dabei denke ich insbesondere an Mose, der von Gott berufen wurde, das Volk in das verheißene Land zu führen, und der, wie es im Text heißt, »standhaft aushielt, als sähe er den Unsichtbaren« (vgl. Hebr 11,27). Welch schönes Bild von einem Mann des Glaubens: Er ist einer, der durch die Gnade Gottes weiter sieht, das Ziel sieht und in der Prüfung standhaft bleibt. Denken wir an die Momente, in denen Mose bei Gott für das Volk eintritt. Ja, der Bischof ist in seiner Kirche der Fürsprecher, weil der Heilige Geist die Flamme des Glaubens in seinem Herzen lebendig hält.

In dieser Hinsicht ist der Bischof ein *Mann der Hoffnung*, denn der Glaube ist »Grundlage dessen, was man erhofft, ein Zutagetreten von Tatsachen, die man nicht sieht« (Hebr 11,1).

Besonders wenn der Weg des Volkes beschwerlich wird, hilft der Hirte kraft göttlicher Tugend dabei, nicht zu verzweifeln: nicht mit Worten, sondern durch Nähe. Wenn Familien übermäßig belastet sind und die öffentlichen Einrichtungen sie nicht angemessen unterstützen; wenn junge Menschen enttäuscht und angewidert sind von trügerischen Botschaften; wenn die Älteren und die Menschen mit schweren Behinderungen sich verlassen fühlen, ist der Bischof ihnen nahe und bietet nicht Rezepte an, sondern die Erfahrung von Gemeinschaften, die versuchen, das Evangelium in Einfachheit miteinander zu leben.

Und so vereinen sich sein Glaube und seine Hoffnung in ihm als einem *Mann pastoraler Liebe*. Das ganze Leben des Bischofs, sein ganzer vielfältiger und vielgestaltiger Dienst, findet zu einer Einheit in dem, was der heilige Augustinus *amoris officium* nennt. Hier kommt sein in Gott gegründetes Leben in höchstem Maße zum Ausdruck und zum Vorschein. In der Predigt, in den Besuchen bei den Gemeinschaften, im Anhören der Priester und Diakone, in den Verwaltungsentscheidungen – alles ist belebt und motiviert von der Liebe Jesu Christi, des Hirten. Mit seiner Gnade, die er täglich in der Eucharistie und im Gebet schöpft, gibt der Bischof ein Beispiel brüderlicher Liebe gegenüber seinem Koadjutor oder Weihbischof, dem emeritierten Bischof und den Bischöfen der Nachbardiözesen, seinen engsten Mitarbeitern wie auch den Priestern in Not oder Krankheit. Sein Herz ist offen und aufnahmebereit, und das gilt auch für sein Haus.

Liebe Brüder, dies ist der göttliche Kern im Leben des Hirten. Um diesen herum und stets vom selben Geist belebt, möchte ich weitere unverzichtbare Tugenden ansiedeln: pastorale Klugheit, Armut, vollkommene Enthaltsamkeit im Zölibat und die menschlichen Tugenden.

Die pastorale Klugheit ist die praktische Weisheit, die den Bischof bei seinen Entscheidungen, bei der Ausübung seiner Leitungsgewalt und in den Beziehungen zu den Gläubigen und ihren Vereinigungen leitet. Ein klares Zeichen der Klugheit ist die Praxis des Dialogs als Stil und Methode in den Beziehungen und auch im Vorsitz der Mitwirkungsgremien, das heißt in der Gestaltung der Synodalität in der Teilkirche. In dieser Hinsicht hat Papst Franziskus uns einen großen Schritt vorangebracht, indem er mit pädagogischer Weisheit auf der Synodalität als einer Dimension des Lebens der Kirche bestanden hat. Die pastorale Klugheit ermöglicht es dem Bischof auch, die diözesane Gemeinschaft zu leiten, indem er sowohl ihre Traditionen wertschätzt als auch neue Wege und neue Initiativen fördert.

Um Zeugnis für Jesus, den Herrn, zu geben, lebt der Hirte in evangeliumsgemäßer *Armut*. Er hat einen einfachen, nüchternen und großherzigen Lebensstil, der würdevoll ist und zugleich zu den Lebensbedingungen des Großteiles seines Volkes passt. Die Armen müssen in ihm einen Vater und einen Bruder sehen können und sich nicht unwohl fühlen, wenn sie ihm begegnen oder sein Haus betreten. Er hängt persönlich nicht an Reichtümern und lässt sich wegen dieser oder anderer Formen von Macht nicht auf

Günstlingswirtschaft ein. Der Bischof darf nicht vergessen, dass er wie Jesus mit dem Heiligen Geist gesalbt und gesandt wurde, den Armen die Frohe Botschaft zu bringen (vgl. Lk 4,18).

Zusammen mit der tatsächlichen Armut lebt der Bischof auch jene Form der Armut, die *der Zölibat und die Jungfräulichkeit* um des Himmelreichs willen darstellen (vgl. Mt 19,12). Es geht nicht nur darum, zölibatär zu sein, sondern darum, die Keuschheit des Herzens und des Verhaltens zu üben und so in der Nachfolge Christi zu leben und allen das wahre Bild der Kirche zu vermitteln, die in ihren Gliedern wie in ihrem Haupt heilig und keusch ist. Er muss fest und entschlossen sein, wenn es darum geht, Situationen, die einen Skandal hervorrufen können, und jeden Fall von Missbrauch, insbesondere gegenüber Minderjährigen, gemäß den geltenden Bestimmungen anzugehen.

Schließlich ist der Hirte dazu aufgerufen, jene menschlichen Tugenden zu pflegen, die auch die Konzilsväter im Dekret *Presbyterorum Ordinis* (Nr. 3) genannt haben und die dem Bischof in seinem Dienst und in seinen Beziehungen umso mehr eine große Hilfe sind. Wir können hier Loyalität, Aufrichtigkeit, Großherzigkeit, Offenheit des Geistes und des Herzens, die Fähigkeit, sich mit den Fröhlichen zu freuen und mit den Leidenden zu leiden, nennen; ebenso Selbstbeherrschung, Feingefühl, Geduld, Diskretion, Aufgeschlossenheit für das Zuhören und den Dialog sowie Dienstbereitschaft. Auch diese Tugenden, mit denen jeder von uns von Natur aus mehr oder weniger ausgestattet ist, können und müssen wir in Übereinstimmung mit Jesus Christus und mithilfe der Gnade des Heiligen Geistes pflegen.

Liebe Brüder, die Fürsprache der Jungfrau Maria und der Heiligen Petrus und Paulus erwirke euch und euren Gemeinschaften die Gnaden, derer ihr am meisten bedürft. Mögen sie euch insbesondere helfen, Männer der Gemeinschaft zu sein, stets die Einheit im Presbyterium der Diözese zu fördern, sodass jeder Priester, ohne Ausnahme, die Väterlichkeit, die Brüderlichkeit und die Freundschaft des Bischofs erfahren kann. Dieser Geist der Gemeinschaft ermutigt die Priester in ihrem pastoralen Einsatz und lässt die Teilkirche in der Einheit wachsen.

Geliebt, auserwählt und gesandt vom Herrn

Predigt zur Heiligen Messe und Priesterweihe, Jubiläum der Priester

Petersdom, Beichtaltar

Freitag, 27. Juni 2025

Heute, am Hochfest des Heiligsten Herzens Jesu, dem Gebetstag zur Heiligung der Priester, feiern wir mit Freude diese Eucharistie zur Heilig-Jahr-Feier der Priester.

Ich wende mich daher zunächst an euch, liebe Mitbrüder im Priesteramt, die ihr zum Grab des Apostels Petrus gekommen seid, um die Heilige Pforte zu durchschreiten und um eure Taufgewänder und eure priesterlichen Gewänder erneut in das Herz des Erlösers zu tauchen. Für einige der hier Anwesenden erfolgt diese Geste an einem einzigartigen Tag ihres Lebens: dem Tag ihrer Priesterweihe.

Über das Herz Christi in diesem Zusammenhang zu sprechen, bedeutet, über das gesamte Geheimnis der Menschwerdung, des Todes und der Auferstehung des Herrn zu sprechen, das uns in besonderer Weise anvertraut wurde, damit wir es in der Welt gegenwärtig werden lassen. Denken wir daher im Licht der Lesungen, die wir gehört haben, gemeinsam darüber nach, wie wir zu diesem Heilswerk beitragen können.

In der ersten Lesung spricht der Prophet Ezechiel von Gott als einem Hirten, der seine Herde durchgeht und jedes Schaf einzeln zählt: Er sucht die Verlorenen, versorgt die Verwundeten, hilft den Schwachen und Kranken (vgl. Ez 34,11-16). Auf diese Weise erinnert er uns in einer Zeit großer und grausamer Konflikte daran, dass die Liebe des Herrn, von der wir uns umarmen und formen lassen sollen, universal ist und dass in seinen Augen – und folglich auch in unseren – kein Platz für Spaltungen und Hass jeglicher Art ist.

In der zweiten Lesung (vgl. Röm 5,5-11) erinnert uns der heilige Paulus dann daran, dass Gott uns versöhnt hat, »als wir noch schwach waren« (V. 6) und »Sünder« (V. 8). Er lädt uns dazu ein, uns dem verwandelnden Wirken seines Geistes, der in uns wohnt, zu überlassen, und zwar auf einem täglichen Weg der Umkehr. Unsere Hoffnung gründet auf dem Bewusstsein, dass der Herr uns nicht verlässt: Er begleitet uns immer. Wir jedoch sind aufgerufen, mit ihm zusammenzuwirken, vor allem indem wir die Eucharistie, »Quelle und [...] Höhepunkt des ganzen christlichen Lebens«,[80] in den Mittelpunkt unseres Lebens stellen; sodann »durch den würdigen Empfang der Sakramente, vor allem durch die häufig geübte sakramentale Buße«;[81] und schließlich durch das Gebet, die Meditation des Wortes und den Dienst der Liebe, indem wir unser Herz immer mehr dem Herzen »des Vaters der Erbarmungen«[82] angleichen.

Und damit sind wir beim Evangelium angelangt, das wir gehört haben (vgl. Lk 15,3-7). Darin wird von der Freude Gottes – und eines jeden Hirten, der seine Schafe liebt – über die Rückkehr auch nur eines einzigen Schafes in den Schafstall berichtet. Es ist eine Einladung, die pastorale Liebe mit derselben Gesinnung des Vaters zu leben und in uns denselben Wunsch zu hegen: dass niemand verloren gehe (vgl. Joh 6,39), dass vielmehr alle, auch durch uns, Christus erkennen und in ihm das ewige Leben haben (vgl. Joh 6,40). Es ist eine Einladung, dass wir innig mit Jesus vereint[83] zu Samen der Eintracht unter den Geschwistern werden, indem wir die Verlorenen auf unsere Schultern nehmen, denjenigen, die Fehler begangen haben, Vergebung schenken und diejenigen suchen, die sich entfernt haben oder ausgeschlossen wurden; und indem wir diejenigen, die an Leib und Seele leiden, in jener großen Liebe umsorgen, die aus der durchbohrten Seite des Gekreuzigten hervorgeht, alle Menschen erfasst und die Welt erfüllt. Papst Franziskus schrieb dazu: »Aus der Seitenwunde Christi fließt weiterhin jener Strom, der nie versiegt, der nicht vergeht, der sich immer neu denen darbietet, die lieben wollen. Nur seine Liebe wird eine neue Menschheit ermöglichen.«[84]

Der priesterliche Dienst ist ein Dienst der Heiligung und Versöhnung für die Einheit des Leibes Christi.[85] Deshalb fordert das Zweite Vatikanische Konzil die Priester auf, jede Anstrengung zu unternehmen, um »alle in der Liebe zu vereinen«,[86] indem sie die Unterschiede in Einklang bringen, damit »niemand sich fremd fühlen kann«.[87] Und es legt ihnen die Einheit mit dem Bischof und im Presbyterium ans Herz.[88] Denn je mehr Einheit unter uns herrscht, desto besser werden wir auch andere in die Herde des Guten Hirten führen können, um als Brüder und Schwestern in dem einen Haus des Vaters zu leben.

Diesbezüglich hat der heilige Augustinus in einer Predigt anlässlich seines Weihetages von einer freudvollen Frucht der Gemeinschaft gesprochen, die Gläubige, Priester und Bischöfe vereint und ihre Wurzel darin hat, dass sich alle durch dieselbe Gnade und Barmherzigkeit erlöst und gerettet fühlen. In eben jenem Zusammenhang sagte er den berühmten Satz: »Für euch bin ich nämlich Bischof, mit euch bin ich Christ.«[89]

In der feierlichen Messe zu Beginn meines Pontifikats habe ich vor dem Volk Gottes einen großen Wunsch zum Ausdruck gebracht: »Eine geeinte Kirche, Zeichen der Einheit und der Gemeinschaft, die zum Sauerteig für eine versöhnte Welt wird.«[90] Heute möchte ich diesen Wunsch erneut mit euch allen teilen: Lasst uns versöhnt, vereint und verwandelt durch die Liebe, die überreich aus dem Herzen Christi strömt, gemeinsam auf seinen Spuren wandeln, demütig und entschlossen, fest im Glauben und offen für alle in der Liebe. Lasst uns den Frieden des Auferstandenen in die Welt tragen, mit jener Freiheit, die daraus entsteht, dass wir uns vom Vater geliebt, erwählt und gesandt wissen.

Und bevor ich zum Schluss komme, wende ich mich nun an euch, liebe Weihekandidaten, die ihr in Kürze durch die Handauflegung des Bischofs und durch eine erneute Ausgießung des Heiligen Geistes zu Priestern geweiht werdet. Ich möchte euch ein paar einfache Dinge sagen, die ich jedoch für eure Zukunft und für die Zukunft der Seelen, die euch anvertraut werden, für wichtig halte. Liebt Gott und die Brüder und Schwestern, seid großzügig, seid eifrig in der Feier der Sakramente, im Gebet, insbesondere in der Anbetung, und in der Ausübung eures Amtes; seid eurer Herde nahe, schenkt eure Zeit und eure Kräfte allen, ohne euch zu schonen, ohne Unterschiede zu machen, wie es uns die durchbohrte Seite des Gekreuzigten und das Beispiel der Heiligen lehren. Denkt in diesem Zusammenhang auch daran, dass die Kirche in ihrer jahrtausendealten Geschichte wunderbare Gestalten priesterlicher Heiligkeit hervorgebracht hat und auch heute noch hervorbringt: Von den ersten Gemeinden an gab es unter ihren Priestern Märtyrer, unermüdliche Apostel, Missionare und Vorbilder der Liebe. Bewahrt diesen Reichtum: Interessiert euch für ihre Geschichten, studiert ihr Leben und ihre Werke, ahmt ihre Tugenden nach, lasst euch von ihrem Eifer anstecken, ruft oft und beharrlich ihre Fürsprache an! Unsere Welt bietet allzu oft fragwürdige und unbeständige Vorbilder für Erfolg und Ansehen. Lasst euch davon nicht beeindrucken! Schaut vielmehr auf das solide Beispiel und die Früchte des oft verborgenen und bescheidenen Apostolats derer, die in ihrem Leben dem Herrn und ihren Geschwistern mit Glauben und Hingabe gedient haben, und bewahrt ihr Andenken durch eure Treue.

Vertrauen wir uns schließlich alle dem mütterlichen Schutz der seligen Jungfrau Maria, der Mutter der Priester und Mutter der Hoffnung an: Möge sie unsere Schritte begleiten und stützen, damit wir unser Herz täglich mehr dem Herzen Christi, des höchsten und ewigen Hirten, gleichgestalten können.

Kirchliche Gemeinschaft und lebendiger Glaube

Predigt zur Heiligen Messe und Segnung des heiligen Palliums für die neuen Metropoliten-Erzbischöfe am Hochfest der Heiligen Petrus und Paulus

Petersdom

Sonntag, 29. Juni 2025

Heute feiern wir zwei Brüder im Glauben, Petrus und Paulus, die wir als Säulen der Kirche anerkennen und als Schutzpatrone der Diözese und der Stadt Rom verehren.

Die Geschichte dieser beiden Apostel spricht auch unmittelbar zu uns, der Gemeinschaft der Jünger des Herrn, die als Pilgerin in dieser unserer Zeit unterwegs ist. Mit Blick auf ihr Zeugnis möchte ich insbesondere zwei Aspekte hervorheben: die *kirchliche Gemeinschaft* und die *Lebendigkeit des Glaubens*.

Zunächst einmal zur *kirchlichen Gemeinschaft*: Die Liturgie dieses Hochfestes zeigt uns nämlich, wie Petrus und Paulus zu ein und demselben Schicksal berufen waren, nämlich dem Martyrium, das sie endgültig mit Christus vereint hat.

In der ersten Lesung begegnen wir Petrus, der im Gefängnis auf die Vollstreckung seines Urteils wartet (vgl. Apg 12,1-11); in der zweiten Lesung dem Apostel Paulus, ebenfalls in Ketten, der in einer Art Testament betont, dass sein Blut vergossen und Gott geopfert werden wird (vgl. 2 Tim 4,6-8.17-18). Sowohl Petrus als auch Paulus geben also ihr Leben für die Sache des Evangeliums.

Diese Gemeinschaft in dem einen Bekenntnis des Glaubens ist jedoch keine friedliche Errungenschaft. Die beiden Apostel erreichen sie am Endpunkt eines langen Weges, auf dem sie beide in unterschiedlicher Weise den Glauben angenommen und ihr Apostolat gelebt haben. Ihre Brüderlichkeit im Heiligen Geist hebt ihre ursprünglichen Unterschiede nicht auf: Simon war ein Fischer aus Galiläa, Saulus hingegen ein strenger Intellektueller, welcher der Partei der Pharisäer angehörte; der Erste lässt sofort alles zurück, um dem Herrn zu folgen; der Zweite verfolgt die Christen, bis er vom auferstandenen Christus verwandelt wird; Petrus predigt vor allem den Juden; Paulus hat das Verlangen, den Völkern die Frohe Botschaft zu bringen.

Zwischen den beiden kam es, wie wir wissen, zum Konflikt hinsichtlich der Beziehung zu den Heiden, sodass Paulus gar erklärte: »Als Kephas aber nach Antiochia gekommen war, habe ich ihm ins Angesicht widerstanden, weil er sich ins Unrecht gesetzt hatte.« (Gal 2,11) Diese Frage wurde, wie wir wissen, später vom Konzil von Jerusalem behandelt, wo die beiden Apostel erneut aufeinandertreffen.

Liebe Brüder und Schwestern, die Geschichte von Petrus und Paulus lehrt uns, dass die Gemeinschaft, zu welcher der Herr uns ruft, eine Harmonie der Stimmen und Gesichter ist und die Freiheit des Einzelnen nicht aufhebt. Unsere Patrone sind unterschiedliche Wege gegangen, hatten unterschiedliche Ideen, haben manchmal mit evangeliumsgemäßer Offenheit diskutiert und gestritten. Doch das hinderte sie nicht daran, in der *concordia apostolorum* zu leben, das heißt in einer lebendigen Gemeinschaft im Geist, in einem fruchtbaren Einklang in der Verschiedenheit. Wie der heilige Augustinus sagt, ist »ein einziger Tag dem Fest der beiden Apostel geweiht. Aber auch sie waren eins. Obwohl sie an verschiedenen Tagen den Märtyrertod erlitten, waren sie eins.«[91]

All dies führt zu Fragen hinsichtlich des Weges der kirchlichen Gemeinschaft. Sie kommt aus dem Impuls des Heiligen Geistes, sie vereint die Unterschiede und schafft Brücken der Einheit in der Vielfalt der Charismen, Gaben und Dienste. Es ist wichtig, zu lernen, Gemeinschaft als Einheit in der Verschiedenheit zu leben, damit die Vielfalt der Gaben, geeint im Bekenntnis des einzigen Glaubens, zur Verkündigung des Evangeliums beiträgt. Auf diesem Weg sollen wir gehen und dabei auf Petrus und Paulus blicken, denn wir alle brauchen eine solche Brüderlichkeit, eine Geschwisterlichkeit. Die Kirche braucht sie, die Beziehungen zwischen Laien und Priestern, zwischen den Priestern und den Bischöfen, den Bischöfen und dem Papst; ebenso braucht sie die Pastoral, der ökumenische Dialog wie auch die freundschaftliche Beziehung, die die Kirche zur Welt pflegen möchte. Bemühen wir uns, aus unseren Unterschieden eine Werkstatt der Einheit und der Gemeinschaft, der Geschwisterlichkeit und der Versöhnung zu machen, damit jeder in der Kirche mit seiner eigenen persönlichen Geschichte lernen kann, mit den anderen gemeinsam zu gehen.

Die Heiligen Petrus und Paulus fordern uns auch hinsichtlich der *Lebendigkeit unseres Glaubens* heraus. In der Nachfolge besteht nämlich immer die Gefahr, in Gewohnheiten, Rituale und pastorale Schemata zu verfallen, die sich wiederholen, ohne sich zu erneuern und ohne die Herausforderungen der Gegenwart anzunehmen. Die Geschichte der beiden Apostel hingegen ist inspirierend aufgrund ihrer Bereitschaft, sich Veränderungen zu öffnen, sich von den Ereignissen, Begegnungen und konkreten Situationen der Gemeinden hinterfragen zu lassen und ausgehend von den Problemen und Fragen der Brüder und Schwestern im Glauben neue Wege der Evangelisierung zu suchen.

Im Mittelpunkt des Evangeliums, das wir gehört haben, steht genau die Frage, die Jesus seinen Jüngern stellt und die er auch an uns heute richtet, damit wir herausfinden können, ob der Weg unseres Glaubens seine Dynamik und Lebendigkeit bewahrt hat, ob die Flamme der Beziehung zum Herrn noch brennt: »Ihr aber, für wen haltet ihr mich?« (Mt 16,15)

Jeden Tag, zu jeder Stunde der Geschichte, immer müssen wir uns diese Frage stellen. Wenn wir nicht wollen, dass unser Christsein nur ein Relikt der Vergangenheit ist, wie Papst Franziskus immer wieder gemahnt hat, ist es wichtig, dass wir der Gefahr eines müden und statischen Glaubens entrinnen und uns fragen: Wer ist Jesus Christus heute für uns? Welchen Platz nimmt er in unserem Leben und im Handeln der Kirche ein? Wie können wir diese Hoffnung im Alltag bezeugen und den Menschen, denen wir begegnen, verkünden?

Brüder und Schwestern, der Prozess der Unterscheidung, der sich aus diesen Fragen ergibt, ermöglicht es unserem Glauben und der Kirche, sich beständig zu erneuern und neue Methoden für die Verkündigung des Evangeliums auszuprobieren. Dies muss zusammen mit der Gemeinschaft unser erster Wunsch sein. Heute möchte ich mich insbesondere an die Kirche in Rom wenden, denn sie ist mehr als alle anderen dazu berufen, ein Zeichen der Einheit und der Gemeinschaft zu sein, eine Kirche, die von lebendigem Glauben brennt, eine Gemeinschaft von Jüngern, die in allen menschlichen Situationen die Freude und den Trost des Evangeliums bezeugen.

Quellen und Anmerkungen

1 Hl. Augustinus von Hippo, *Sermo*, 340,1.
2 Vgl. Zweites Vatikanisches Konzil, Pastoralkonstitution *Gaudium et spes*, 7. Dezember 1965, 22.
3 Vgl. Zweites Vatikanisches Konzil, Dogmatische Konstitution *Lumen gentium*, 21. November 1964, 1.
4 Vgl. hl. Ignatius von Antiochia, *Brief an die Römer*, Gruß.
5 *Ebd.*, IV, 1.
6 Vgl. Franziskus, Apostolisches Schreiben *Evangelii gaudium* über die Verkündigung des Evangeliums in der Welt von heute, 24. November 2013.
7 Vgl. *ebd.*, Nr. 11.
8 Vgl. *ebd.*, Nr. 9.
9 Vgl. *ebd.*, Nr. 33.
10 Vgl. *ebd.*, Nr. 119-120.
11 Vgl. *ebd.*, Nr. 123.
12 Vgl. *ebd.*, Nr. 53.
13 Vgl. ebd., Nr. 84; vgl. Zweites Vatikanisches Konzil, Pastoralkonstitution *Gaudium et spes*, 1-2.
14 Vgl. Benedikt XVI., Enzyklika *Spe salvi*, 30. November 2007, 2; Franziskus, Bulle *Spes non confundit*, 9. Mai 2024, 3.
15 Paul VI., Botschaft an die ganze Menschheitsfamilie Qui fausto die, 22. Juni 1963.
16 Hl. Augustinus von Hippo, *Sermo*, 80,8.
17 Franziskus, Botschaft *Urbi et Orbi*, 20. April 2025.
18 Leo XIII., Enzyklika *Rerum novarum*, 15. Mai 1891, 9.

19 Hl. Augustinus von Hippo, *Bekenntnisse*, 1,1.

20 Hl. Augustinus von Hippo, *Sermo*, 359,9.

21 Leo XIII., Enzyklika *Rerum novarum*, 15. Mai 1891, 21.

22 Hl. Augustinus von Hippo, *Enarrationes in psalmos*, 127,3.

23 Franziskus / Ahmad Al-Tayyeb, *Dokument über die Brüderlichkeit aller Menschen für ein friedliches Zusammenleben in der Welt*, Abu Dhabi, 4. Februar 2019.

24 Zweites Vatikanisches Konzil, Erklärung *Nostra aetate* über das Verhältnis der Kirche zu den nichtchristlichen Religionen, 28. Oktober 1965, Nr. 4.

25 *Ebd.*, 3.

26 Hl. Augustinus von Hippo, *Sermo*, 34,2.

27 Hl. Augustinus von Hippo, *Enarrationes in psalmos*, 130,9.

28 Vgl. Franziskus, Homilie bei der zweiten Vesper am Hochfest der Bekehrung des Apostels Paulus, 25. Januar 2024.

29 Vgl. Hl. Benedikt, *Regel*, Kap. LIII; LXIII.

30 Benedikt XVI., Homilie bei der Gebetsvigil mit den Jugendlichen, Madrid, 20. August 2011.

31 Leo XIV., Erster Apostolischer Segen *Urbi et Orbi*, 8. Mai 2025.

32 Vgl. Apostolisches Schreiben, *Evangelii gaudium*, 46-49.139-141; Katechese, 13. Januar 2016.

33 Hl. Augustinus von Hippo, *Sermo*, 340,1.

34 Hl. Leo der Große, *Sermo 5, De natali ipsius*, 4.

35 Johannes Paul I., *Predigt anlässlich der Inbesitznahme des Römischen Bischofsstuhls*, 23. September 1978.

36 Franziskus, Angelus, 1. Januar 2025.

37 Vgl. Paul VI., Enzyklika *Humanae vitae*, 25. Juli 1968, 9.

38 Vgl. hl. Augustinus von Hippo, *Enarrationes in psalmos*, 127.

39 Vgl. Franziskus, Apostolische Konstitution *Praedicate Evangelium* über die römische Kurie und ihren Dienst für die Kirche in der Welt, 19. März 2022, 44-45.

40 Paul VI., *Regimini Ecclesiae universae*, 15. August 1967.

41 *Ebd.*

42 Vgl. Franziskus, Apostolische Konstitution *Praedicate Evangelium* über die römische Kurie und ihren Dienst für die Kirche in der Welt, 19. März 2022, 45-46.

43 Vgl. Paul VI., *Ansprache an die Römische Kurie*, 21. September 1963.

44 Vgl. Franziskus, Enzyklika *Laudato si' über die Sorge für das gemeinsame Haus,* 24. Mai 2015, 16; 117.
45 Hl. Augustinus von Hippo, *Sermo*, 271,1.
46 Benedikt XVI., Predigt zu Pfingsten, 15. Mai 2005.
47 Franziskus, Heilige Messe am Hochfest Pfingsten, Predigt, 28. Mai 2023.
48 Zitiert nach der italienischen Version des Tagesgebets zum Gedenktag der seligen Jungfrau Maria, Mutter der Kirche – Montag, 9. Juni 2025.
49 H.U. von Balthasar, *Cordula oder der Ernstfall*, S. 38.
50 Vgl. italienische Version des Tagesgebets zum Gedenktag der seligen Jungfrau Maria, Mutter der Kirche – Montag, 9. Juni 2025.
51 Vgl. Paul VI., Einleitung zum Apostolischen Schreiben motu proprio *Sollicitudo omnium Ecclesarium*, 24. Juni 1969.
52 Vgl. hl. Augustinus von Hippo, *Sermo*, 311; *Kommentar zum Johannesevangelium*, *Homilie* 77.
53 Hl. Augustinus von Hippo, *Bekenntnisse*, I,1,1.
54 Vgl. hl. Salonius von Genf, *In Parabolas Salomonis expositio mystica*; hl. Gregor von Nazianz, *Carmina*, I,2,589.
55 Johannes Paul II., Predigt zur Heiligjahrfeier der Sportler, 12. April 1984.
56 Vgl. Johannes Paul II., Predigt zur Heiligjahrfeier der Sportler, 29. Oktober 2000.
57 Vgl. Paul VI., Ansprache an die Mitglieder des C.S.I., 20. März 1965.
58 *Ebd.*
59 Vgl. Franziskus, Ansprache an die freiwilligen Helfer des WJT, 6. August 2023.
60 Vgl. hl. Augustinus von Hippo, *De Genesis ad litteram*, V,23,44-45.
61 Pius XI., Ansprache an die Italienische Föderation Katholischer Universitäten, 18. Dezember 1927.
62 Vgl. Franziskus, Enzyklika *Fratelli tutti*, 3. Oktober 2020, 176-192.
63 Vgl. Leo XIII., Enzyklika *Rerum novarum*, 15. Mai 1891, 1.
64 Vgl. hl. Augustinus von Hippo, *De civitate Dei*, XIV,28.
65 Cicero, *De re publica*, III,22.
66 Vgl. Franziskus, Ansprache beim G7-Gipfel über künstliche Intelligenz, 14. Juni 2024.
67 Johannes Paul II., Apostolisches Schreiben *E Sancti Thomae Mori*, 31. Oktober 2000, 4.

68 Hl. Augustinus von Hippo, *Sermo*, 130,2.
69 Vgl. *Katechismus der Katholischen Kirche*, 1413.
70 Zweites Vatikanisches Konzil, Dogmatische Konstitution *Lumen gentium*, 21. November 1964, 3.
71 Vgl. hl. Johannes Paul II., Apostolisches Schreiben *Pastores dabo vobis*, 25. März 1992, 43.
72 Franziskus, Enzyklika *Dilexit nos* über die menschliche und göttliche Liebe des Herzens Jesu Christi, 24. Oktober 2024.
73 Vgl. *ebd.*, 17.
74 Zweites Vatikanisches Konzil, Konstitution *Gaudium et spes*, 7. Dezember 1965, 22.
75 Vgl. Franziskus, *Brief über die Bedeutung der Literatur in der Bildung*, 17. Juli 2024.
76 Zweites Vatikanisches Konzil, Konstitution *Gaudium et spes*, 62.
77 Kongregation für den Klerus, *Ratio Fundamentalis Institutionis Sacerdotalis. Das Geschenk der Berufung zum Priestertum*, 8. Dezember 2016, 97.
78 Vgl. Franziskus, Enzyklika *Dilexit nos* über die menschliche und göttliche Liebe des Herzens Jesu Christi, 24. Oktober 2024, 19.
79 Vgl. Franziskus, Bulle *Spes non confundit*, 9. Mai 2024, 3.
80 Zweites Vatikanisches Konzil, Dogmatische Konstitution *Lumen gentium*, 21. November1964, 11.
81 Paul VI., Zweites Vatikanisches Konzil, Dekret *Presbyterorum ordinis*, 7. Dezember 1965, 18.
82 *Ebd.*
83 Vgl. *ebd.*, 14.
84 Franziskus, Enzyklika *Dilexit nos*, 24. Oktober 2024, 219.
85 Vgl. Zweites Vatikanisches Konzil, Dogmatische Konstitution *Lumen gentium*, 21. November1964, 7.
86 Dass., Dekret *Presbyterorum ordinis*, 7. Dezember 1965, 9.
87 *Ebd.*
88 Vgl. *ebd.*, 7-8.
89 Hl. Augustinus von Hippo, *Sermo*, 340,1.
90 Leo XIV., *Messe zum Pontifikatsbeginn*, 18. Mai 2025.
91 Hl. Augustinus von Hippo, *Sermo*, 295,7.7.